MIYAMORI ASATARO

Les contes du samouraï

Traduits par Baptiste Tavernier

Sumi-e : Nakatake Teruhiro

Édition originale :
The Kyo-Bun-Kwan, Tokyo,1920

Pour la traduction française :
© 2014 by Bunkasha International Corporation

ISBN 978-4-907009-07-6

Ungo Zenji

La neige tombait dru.

Aussi loin que le regard pût porter, monts et vaux, arbres et champs étaient déjà recouvert d'une vaste nappe argentée.

Peu soucieux du froid car aimant le beau, Date Masamune sortit afin de contempler le paysage. Accompagné de ses serviteurs, il chemina vers un pavillon érigé dans le parc du château au sommet d'une petite colline. Là-haut, il pourrait jouir d'une vue étendue, embrassant la totalité du fief d'Osaki.

Vers la fin de sa vie, Date Masamune allait se distinguer lors de certains services rendus à l'État et devenir ainsi l'un des plus grands daimyos du Japon sous Ieyasu [1]. Toutefois, au commencement de cette histoire, Masamune n'a pour propriété qu'Osaki, et son revenu ne dépasse pas les cent mille *koku* [2] de riz par an.

« Quel enchantement ! Existe-t-il quelque chose de seulement comparable à un paysage enneigé ? », s'écria-t-il ravi, regardant avec délice depuis le balcon du pavillon la beauté pure de la scène qui s'offrait à lui.

« On dit que la neige annonce une année

---

1. Tokugawa Ieyasu (1543-1616), premier shogun de l'ère Edo (1603-1668).

2. Un *koku* représentait la quantité de riz mangée par un homme en un an. 1 *koku* valait 180 litres environ.

fructueuse... Lorsque les récoltes sont abondantes, le peuple connaît une joie immense, et la paix ainsi que la prospérité règnent sur Terre ».

Pendant que Masamune soliloquait ainsi, Heishiro, le porteur de *geta*[3], attendait dehors. On l'appelait Makabe Heishiro car il était né à Makabe dans la région de Hitachi : en ce temps-là, un nom de famille était un luxe inconnu du petit peuple... Après avoir ajusté aux pieds de son maître des chaussons d'intérieur, il demeura dehors et attendit que celui-ci exprimât le désir de sortir à nouveau. Mais bientôt, Heishiro observa que des flocons de neige s'accumulaient sur les socques dont il avait la charge. Il se hâta de les essuyer avec sa manche, mais toujours plus de flocons s'y déposaient, et bien vite les *geta* furent de nouveau recouverts de particules glacées.

« Cela ne saurait convenir », se dit-il. « Sa Seigneurie refuse d'enfiler des *tabi*[4], même par temps froid, jugeant cela comme un signe d'efféminement. S'il pose ses pieds nus sur ces *geta* humides, il attrapera certainement froid. Je dois les lui garder au chaud et au sec ».

Alors le brave homme, avec la bonté de son cœur simple, prit les lourdes socques de bois et les rangea dans son vêtement contre sa peau.

« Sa Seigneurie vient ! »

Heishiro eut juste le temps d'ajuster les *geta* sur le seuil en pierre avant que les doubles portes ne coulissent. Masamune apparut, jeune, impérieux. Il

---

3. Socques de bois
4. Chaussettes

posa ses pieds sur les *geta*, et...

Comment était-ce possible ? Les *geta* étaient tièdes au touché ! Par ce gel ?

Il ne pouvait y avoir qu'une seule explication : ce rustre paresseux de porteur de sandales s'en était servis comme siège... Assis sur l'honorable socque de son auguste maître ! L'insolence insupportable du scélérat !

Submergé par la passion, Masamune attrapa l'offenseur supposé par la nuque et le secoua violemment, rageant entre ses dents serrées : « Misérable ! Tu oses souiller mes *geta* en t'asseyant dessus ?! Sache que tu m'insultes grossièrement ! Vilain, prends ça ! »

Il attrapa alors le *geta* qu'il avait repoussé du pied, et frappa violemment le pauvre serviteur entre les deux yeux ; celui-ci tournoya puis tomba au sol, inanimé. Jetant la seconde socque à sa victime prostrée, Masamune rentra fièrement au château, pieds nus, car tant grande était sa rage qu'il ne put attendre qu'une autre paire lui fût apportée.

Nul ne resta pour s'occuper de Heishiro. Il demeura quelque temps comme il était tombé, mais finalement, le froid lui fit reprendre connaissance. Il se releva lentement, avec difficulté, et ramassa le *geta* qui l'avait assommé. Les larmes se mêlant au sang sur son visage, il contempla avec tristesse la socque ; mais bientôt la pensée de l'injuste conduite de son maître le submergea et il se mit à grincer des dents.

« Brute hautaine que vous êtes, Masamune », murmura-t-il. « Vous allez payer pour ça ! Le lien qui nous unissait comme seigneur et serviteur est rompu à jamais. Je vous étais entièrement dévoué, mais désormais je n'aurai de repos que je ne prenne ma revanche sur vous pour ce traitement cruel ! »

Heishiro mit le *geta* contre son sein et descendant la colline sur le versant le plus éloigné du château, s'en alla en claudiquant douloureusement.

Dès cet instant, Heishiro n'eut qu'une idée en tête : une vengeance méritée sur le noble arrogant qui avait tant abusé de sa gentillesse. Cependant, quoi que peu fortuné, Masamune était un daimyo, tandis que lui se situait tout en bas de l'échelle sociale. Un assassinat semblait pour le moins improbable : Masamune était toujours bien gardé, même pendant son sommeil. Il possédait de plus une grande force physique. Il faudrait donc avoir recours à des moyens plus subtils.

Heishiro réfléchit un long moment. Finalement, il arriva à la juste conclusion qu'il n'existait que deux personnes au-dessus des daimyos : l'empereur et le shogun. Mais comment un homme de la condition de Heishiro pouvait espérer gagner les faveurs de ces illustres personnages ? Les influencer afin de calomnier Masamune ? L'idée même était absurde ! Certes, ils vivaient une époque émaillée de guerres civiles où un acte de bravoure sur le champ de bataille entraînait bien souvent une promotion. Mais Heishiro était frêle et il ne possédait aucunes compétences martiales. Dans un soupir, il admit lui-même que l'accomplissement de son dessein se trouvait ailleurs.

Soudain, une pensée heureuse le frappa.

Il se souvint que quiconque, grand ou petit, indépendamment de son rang, pouvait devenir prêtre et que les perspectives offertes par cette carrière s'avéraient sans bornes. Même un homme de la plus humble filiation ou de la plus faible constitution pouvait aspirer aux plus hautes distinctions. Il n'était d'ailleurs pas rare qu'un prêtre saint et cultivé entrât à la cour et s'y fît remarquer par l'empereur lui-même !

Heishiro décida donc de prendre la tonsure, et dans cette perspective se hâta vers Kyoto. Il entra comme acolyte dans le temple Ungo-ji à Higashiyama.

Mais la vie de novice n'a rien d'aisé : avant d'être reçu dans le sacerdoce, chaque aspirant devait passer par toutes les formes de l'ascétisme, de l'abnégation et de la pénitence. Il fallait en outre servir les supérieurs, et comme homme de peine s'acquitter des tâches les plus ingrates.

Heishiro vécut des moments très difficiles. Un homme d'ordinaire persévérance aurait renoncé ; pas lui. Pas un instant il ne songea à abandonner. Il était résolu, tant qu'il y aurait de la vie en lui, à supporter toutes les privations et toutes les humiliations.

Pourtant, Heishiro n'était qu'un être humain. À plusieurs reprises, son corps fatigué s'affaissa et son esprit vacilla. Dans ces moments là, il regardait dans un miroir la profonde cicatrice ornant son front, puis tirait de sa cachette le vieux *geta* : « Courage ! Souviens-toi de Masamune ! Ta tâche n'est pas encore finie ». Il recouvrait ainsi ses forces et sa détermination.

Peu à peu, Heishiro s'attirait les faveurs de ses supérieurs. Au bout d'un certain temps, il réfléchit qu'il progresserait plus vite s'il rejoignait un autre monastère. Le temple Enryaku-ji sur le mont Hiei était le plus grand et le plus célèbre de tous les lieux d'enseignement sacré du Japon : il solliciterait donc son admission.

Vingt années passèrent. Jôben, nom que Heishiro avait pris en entrant dans le sacerdoce, était désormais connu dans tout l'archipel pour son érudition et sa stricte application de toutes les observances de la piété et de l'austérité. Jôben restait pourtant insatisfait, car il semblait encore bien loin d'être en mesure d'attirer l'attention de l'empereur. Sa seule chance était d'officier plus haut encore et de rayonner dans le monde entier.

Il décida donc de se rendre en Chine, à juste titre considérée comme la source de toute connaissance et de toute sagesse. Tout ce que la Chine pourrait enseigner de la foi bouddhiste, il l'absorberait. Jôben quitta donc ses rives natales et fit voile vers le continent. Là, il resta dix années pendant lesquelles il visita de nombreux temples et rassembla d'innombrables manuscrits. La notoriété du pèlerin parvint enfin aux oreilles de l'empereur de Chine. Celui-ci lui accorda une audience, à la suite de laquelle il lui octroya gracieusement un nouveau nom sacerdotal : Issan Kasho Daizenji.

Jôben, qui avait quitté son pays avec la réputation d'un homme saint et sage, y retourna vénéré presque à l'égal d'un dieu.

À son retour de Chine, Issan Kasho Daizenji séjourna à Kyoto, dans le temple d'Ungo-ji où il avait naguère débuté son noviciat. Il n'avait plus entendu parler de Masamune depuis plusieurs années déjà, et souhaitait apprendre sans délai ce que son ancien maître était devenu. Il fut désagréablement surpris de découvrir que l'objet de sa haine s'était également hissé au sommet de l'échelle sociale. En tant que seigneur du château de Sendai, Masamune était considéré comme l'un des hommes les plus importants du moment. Non seulement il occupait un poste élevé à la cour, mais parce qu'il était également chef des daimyos du nord-est, même le shogun le traitait avec respect.

Tout cela était pour le moins frustrant. Daizenji comprit qu'il faudrait attendre son heure et agir avec circonspection. Un seul faux pas pouvait réduire à néant toutes ses longues années de travail...

Il n'eut pas à patienter bien longtemps : l'empereur tomba soudainement malade et son état était si grave que même les médecins les plus savants se résignèrent à avouer leur impuissance. Les plus hauts responsables de la maison impériale se réunirent alors en séance solennelle : il fut finalement décidé que, les moyens terrestres semblant vains, l'espoir résidait désormais dans un appel au ciel.

Y avait-il un prêtre au caractère trempé et à la sagesse profonde qui pourrait s'acquitter de cette importante mission ? Un nom s'esquissa sur toutes les lèvres : « Issan Kasho Daizenji ! » En toute hâte, le saint homme fut convoqué au palais et on lui ordonna de prier les puissances célestes de toute son âme, pour le rétablissement du patient impérial.

Pendant sept jours et sept nuits, Daizenji s'isola du monde des hommes, dans la salle du Dragon Bleu. Pendant sept jours et sept nuits, Daizenji jeûna et pria pour que la précieuse vie fût épargnée... Et ses prières furent entendues ! L'empereur retrouva sa vigueur, et si brève fut sa convalescence que bientôt toute cause d'anxiété quant à son état de santé s'évanouit.

Tous les ministres et les courtisans se disputèrent obséquieusement le nouveau favori de l'empereur. Sa Majesté reconnaissante nomma Daizenji au poste de supérieur du temple Ungo-ji ; Heishiro reçut à cette occasion un nouveau nom : Ungo Zenji.

« Ma vengeance est désormais à portée de main ! », pensa le prêtre triomphalement. « Il ne me reste plus qu'à trouver un prétexte plausible pour accuser Masamune de haute trahison ».

Mais plus de trente ans s'étaient écoulés depuis que Makabe Heishiro, l'humble porteur de *geta*, avait juré de prendre sa revanche sur le daimyo Date Masamune. Tout à coup, la pensée de sa vie d'ascèse, de ces longues nuits passées à l'étude des saintes lettres, et de ses méditations le submergea : Heishiro était devenu Ungo Zenji. Son être avait subi un changement radical, sans qu'il ne l'eût soupçonné. Son esprit était purifié. Il se savait à présent incapable de nourrir un méchant et dérisoire désir de vengeance. Maintenant qu'il tenait le pouvoir au creux de sa main, il ne se souciait plus de l'exercer.

« Haïr, ou essayer de blesser son prochain n'est pas digne de celui qui est entré dans le sacerdoce », se dit-il. « Les vents de la passion ne perturbent que ceux qui se déplacent encore dans le labyrinthe du monde séculier. Quand les yeux spirituels de l'Homme sont ouverts, ni l'est, ni l'ouest, ni le nord, ni le sud n'existent ; tout cela n'est qu'illusions. Je nourris cette rancune contre le Seigneur Date depuis plus de trente ans, et j'ai atteint une position élevée dans le seul but de me venger. Mais si Masamune ne m'avait point maltraité en une certaine occasion, qu'aurait été ma vie ? Je serais probablement resté Heishiro, porteur de *geta* jusqu'à la fin de mes jours. Cependant, Mon Seigneur a eu la méchanceté de me frapper avec une socque de jardin, sans se soucier de savoir si je méritais un tel châtiment. Je fus submergé de colère et jurai de me venger. Ma détermination à le punir m'a poussé à prendre la tonsure ; j'ai étudié dur, enduré des privations, et je suis maintenant l'un des prêtres les plus influents de l'Empire, devant qui même les princes et les nobles s'inclinent avec révérence. Si je regarde la question sous son vrai jour, c'est au Seigneur Date que je dois tout cela. Dans les temps anciens Shâkyamuni [5], tournant le dos à la gloire terrestre, fit l'ascension du mont Dantoku au sommet duquel il débuta

---

5. Bouddha.

son noviciat avec Alara. Tout prince qu'il était, il s'acquittait des tâches les plus ingrates. Si jamais le disciple semblait négligent, le maître le battait avec une canne. "Comme cela est mortifiant !", pensait le royal néophyte. "Je suis né sur un trône, mais suis traité de la sorte par quelqu'un d'une caste tant inférieure à la mienne". Mais Shâkyamuni était un homme à l'esprit indomptable. Plus il subissait d'humiliations, plus il s'absorbait dans ses études religieuses avec ferveur, de sorte qu'à l'âge de trente ans, il avait appris tout ce que son maître pouvait transmettre. Il se mit à enseigner lui-même, introduisant dans le monde l'une des plus grandes religions que celui-ci ait connu. On peut honnêtement dire que le succès de Shâkyamuni fut en grande partie, sinon en totalité, dû à ces maître sévères et implacables qui ne permettent pas de se dérober. Loin de moi l'idée d'oser une comparaison entre mon humble personne et le saint fondateur du bouddhisme, mais néanmoins, je ne puis nier le fait que le pavillon du parc du château d'Osaki ait été mon mont Dantoku, et ce vieux *geta* la canne du saint Alara. Par conséquent, ce n'est pas de vengeance mais de gratitude que devrait battre mon cœur pour Masamune, lui qui a jeté les bases de ma prospérité ».

C'est ainsi qu'Ungo Zenji renonça à son vieux projet de vengeance. Une agréable sensation naquit. Il regarda le *geta* taché de sang avec révérence, offrit des fleurs et brûla de l'encens devant lui, et pria jour et nuit avec ferveur pour la longue vie et le bonheur de son ancien maître.

Et Masamune dans tout ça ?

Comme indiqué au début de cette histoire, il remporta de grands honneurs et devint un homme de premier plan. Mais à l'âge de soixante-trois ans, las des affaires publiques, il se retira pour passer le crépuscule de sa vie dans son château de Sendai. Là, pour occuper ses jours, il entreprit à Matsushima la restauration du fameux temple Zuigan-ji. À cause d'une longue période de guerre civile, le lieu saint était tombé en décrépitude et ressemblait désormais à une ruine. Masamune décida de rendre au bâtiment son ancienne splendeur. Quand tout fut achevé, il chercha un prêtre profondément cultivé et à la vertu reconnue qui fût digne d'être placé à la tête du temple.

Lors d'un rassemblement, il s'adressa solennellement à ses vassaux : « Vous le savez, j'ai reconstruit et décoré le temple Zuigan-ji, mais ce dernier reste encore sans supérieur. Je désire le confier à un homme saint et savant, qui continuera son ancienne tradition de siège de la piété. Dites-moi, qui est le plus grand prêtre du moment ? »

« Ungo Zenji, Grand Prêtre du temple Ungo-ji à Kyoto, est sans aucun doute le plus saint d'entre tous ! », fut la réponse unanime.

Masamune convint donc d'offrir le poste vacant à Ungo Zenji, mais comme le prêtre en question était favori à la cour et jouissait de la confiance de l'empereur, il était nécessaire que Sa Majesté fût d'abord consultée avant que quoique se soit eût été communiqué au religieux. Masamune remit sa pétition en bonne et due forme et la présenta comme une faveur personnelle. L'empereur, qui avait conservé une vive affection pour l'homme d'état retraité, la sanctionna immédiatement, et c'est ainsi qu'Ungo Zenji fut nommé chef du temple Zuigan-ji dans le beau district de Matsushima.

Le septième jour après son installation, Masamune fit une visite officielle à Zuigan-ji pour accueillir le nouvel arrivant. Il fut introduit dans une petite chambre au cœur des appartements privés d'Ungo Zenji, pour le moment inoccupée. Se tournant vers l'alcôve, son attention fut immédiatement capturée à la vue d'un vieux *geta* de jardin placé sur un support précieux de fabrication complexe et coûteuse.

« Quel personnage célèbre a bien pu chausser ce *geta* ? », se demanda Masamune étonné. « C'est certainement un manquement à l'étiquette que de décorer une chambre avec un tel article alors que l'on s'apprête à y recevoir un daimyo de ma position ! Le prêtre doit certainement avoir quelque idée en tête en permettant une aussi étrange violation des bonnes manières ».

À cet instant, les portes coulissantes s'ouvrirent sans bruit, et un homme vénérable en grands habits canoniques entra. Il portait à la main un pinceau saint fait de longs poils blancs. Son visage immobile était celui d'un ascète, mais gâché par une cicatrice entre les deux yeux.

Ungo Zenji, car c'était lui, s'assit en face de son hôte et mettant les deux mains paumes vers le bas sur le tatami, s'inclina respectueusement à plusieurs reprises. Masamune lui retourna la courtoisie en due cérémonie. Lorsque les salutations furent terminées, Masamune ne put contenir sa curiosité plus longtemps.

« Votre Révérence, en conformité avec mon ardent désir, vous avez daigné descendre en ce lieu insignifiant pour prendre la tête de notre temple. Je suis profondément impressionné par votre bonté et ne sais comment vous remercier. Je suis un homme simple et non qualifié pour le verbe... Votre Révérence, il y a deux choses qui m'étonnent, et même si vous pourriez juger que pour ce premier entretien, il n'est point bien séant d'être ainsi curieux, je souhaiterais vous demander des explications quant à la place d'honneur réservée à un *geta* de jardin, et la cicatrice sur votre front qui s'accorde si mal avec votre réputation de sainteté ».

À ces mots versés avec impétuosité, le prêtre se remémora Masamune jeune, et sourit. Puis il se retira à l'extrémité inférieure de la chambre. Des larmes brillaient dans ses yeux enfoncés. Il déclara : « Comme je me réjouis de voir votre visage. Contempler vos traits inchangés me rappelle le temps de ma lointaine jeunesse ».

« Vos paroles sont étranges ! Comment puis-je vous rappeler votre jeunesse, quand, à ma connaissance, nous ne nous sommes jamais rencontrés ? ».

« Monseigneur, ayez patience, je vais tout vous expliquer », répondit Ungo Zenji. « En ces jours je n'étais qu'un serviteur, un simple porteur de socques connu sous le nom de Makabe Heishiro ; il est peu probable qu'un si humble individu ait conservé une place dans votre mémoire. Cela se passait quand vous vous reposiez au château d'Osaki... »

Il fit une pause. Masamune, trop étonné pour prononcer un mot, fixait son ancien serviteur et essayait de se souvenir s'il l'avait déjà rencontré.

Ungo-Zenji continua son histoire, et raconta tout ce qui lui était arrivé depuis ce jour de neige, plus de trente ans auparavant. Il ne s'épargna point, et dit en détail comment pendant toutes ces années, il avait été mû par un sentiment de vengeance, uniquement de vengeance, et comment la pensée de voir un jour son ennemi dans la poussière avait été l'éperon pour le pousser à vaincre toutes les difficultés, à surmonter tous les obstacles.

« Enfin », conclut le prêtre, « je fus remarqué par l'Empereur qui magnifia tant un insignifiant service qu'il me chargea de récompenses et de marques de faveur. "C'est maintenant ou jamais !", pensai-je. Mais, à mon grand étonnement, je m'aperçut que cette vile passion n'existait plus dans ma nature : le désir de vengeance avait disparu. Je regarde à présent l'affaire sous un jour nouveau, et vous considère en réalité comme mon bienfaiteur. Sans vous, je serais encore un porteur de *geta*. Sans vous, les rayonnages de la connaissance, que je supervise, me seraient restés fermés. Sans vous, les rapports que j'ai entretenus avec les hommes illustres et sages de deux pays auraient été impossibles. Par conséquent, ma haine s'est changée en gratitude, mon souhait de vengeance en un désir sincère de longue vie et de prospérité. J'ai prié chaque jour d'avoir peut-être la possibilité de vous rendre, même dans une faible mesure, les bienfaits inestimables que je vous dois.

Votre Seigneurie comprend maintenant pourquoi je chéris si précieusement une vieille socque, et pourquoi je porte cette vilaine cicatrice sur mon front ».

Masamune écouta le récit avec un émerveillement croissant. À sa conclusion, il se leva, prit Heishiro par les deux mains et l'attira doucement vers l'extrémité supérieure de l'appartement. Lorsque ils furent tous deux de nouveau assis, Masamune parla.

« Votre Révérence », commença-t-il, la voix pleine d'émotion, « ce que vous venez de me dire me laisse tout à fait décontenancé. Je me souviens de l'incident dont vous parlez et me rappelle à quel point j'étais en colère pour ce que, dans mon arrogance, je considérais comme une insulte grossière. Je ne m'offusque pas de votre désir de vengeance, et que vous ayez renoncé au triomphe qui aurait pu être le vôtre me stupéfie sincèrement ! Une telle magnanimité semble presque incroyable ! Vous me prouvez que la religion n'est pas l'abstraction vide que certains critiquent, et je demande humblement pardon pour mon péché passé. Je vous prie en outre de m'accepter en tant que disciple ».

Et c'est ainsi que Masamune, franc et noble de nature, se repentit de la faute commise dans sa jeunesse, et que le porteur de *geta* obtint une victoire plus éclatante que celle dont il aurait pu se vanter s'il avait précipité son ennemi vers une mort honteuse.

Une amitié chaleureuse s'établit entre ces deux hommes généreux d'esprit, et jusqu'à ce que la mort les sépare bien des années plus tard, ils se visitèrent beaucoup l'un l'autre et leur affection grandit. Le prêtre fut toujours le bienvenu au château, tandis qu'avec une piété sincère Masamune poursuivit son étude de la tradition sacrée sous la direction d'Ungo Zenji.

La loyauté d'un enfant samouraï

Iemitsu [6], le shogun le plus habile de toute la lignée des Tokugawa après Ieyasu, eut pour *rōjū* [7] Matsudaira Nobutsuna. Ce dernier, un homme d'une profonde sagesse, contribua grandement à l'administration éclairée de Iemitsu. À l'époque où le shogun n'était encore qu'un garçonnet nommé Takechiyo, Nobutsuna le servait déjà, en qualité de page. Il était aussi son compagnon de jeux et se prénommait alors Choshiro.

Un matin, le jeune dauphin marchait le long d'un corridor, non loin des appartements privés de son père, le shogun Hidetada [8]. Il était accompagné de Choshiro et de deux autres garçons. Des moineaux qui sautillaient et gazouillaient gaiement parmi les tuiles de la toiture, attirèrent son attention. Takechiyo, alors âgé de dix ans, fut pris de fantaisie et désira les posséder. Il se tourna vers Choshiro, de trois ans son aîné, et lui commanda : « Attrapez ces petits moineaux pour moi, Choshiro ! »

« Avec plaisir, Monseigneur. Toutefois, s'il advenait que je fusse découvert en train d'attraper ces moineaux je risquerais fort d'être réprimandé par Son Altesse et ses fonctionnaires. Or, je suis de service ce soir ; j'en profiterai donc pour monter sur le toit quand il n'y aura personne pour me voir, et je vous donnerai les oisillons demain matin. Voudriez-vous, s'il vous plaît, patienter jusque-là, Mon Maître ? »

---

6. Tokugawa Iemitsu (1604-1651), 3e shogun de la dynastie des Tokugawa, petit-fils de Tokugawa Ieyasu.

7. Conseiller du shogun

8. Tokugawa Hidetada (1579-1632)

« Je suppose que je n'ai pas d'autre choix... »

La petite équipée s'éloigna.

Cette nuit-là, quand tout fut calme, Choshiro réussit tant bien que mal à se hisser sur le toit, rampa soigneusement vers le nid, tendit la main et saisit l'un des moineaux. Pauvre petite chose ! Surprise dans son sommeil, elle ne put s'échapper. Choshiro transféra son captif dans la main gauche, puis tendit de nouveau le bras pour en attraper un second. Mais au moment où il saisit l'oiseau, son pied glissa et il chuta dans la cour. En tombant, il comprima involontairement les moineaux et ceux-ci passèrent instantanément de vie à trépas. Il s'évanouit dans un buisson, les oiseaux morts toujours serrés dans ses mains.

Le bruit de la chute réveilla le shogun. Suivi de son épouse et de ses serviteurs, il sortit sur la véranda après en avoir fait coulisser le volet. À la lueur d'une lanterne tenue par un garde, il aperçut à quelques pas le garçon étendu au sol.

Choshiro avait repris connaissance et essayait de se relever. Sa consternation fut grande quand la lumière de la lanterne révéla son identité aux personnes attroupées sur la véranda.

« Choshiro, c'est vous ? », demanda son seigneur tout en le reconnaissant. « Il parait étrange que vous soyez sur mon toit en cette heure de la nuit ! Venez sur le champ expliquer votre conduite. Nous devons examiner tout cela ».

Le garçon obéit. Agrippant toujours les moineaux morts, il se prosterna devant le shogun et attendit que celui-ci prît la parole.

« Qu'avez-vous dans vos mains, Choshiro ? »

« Des moineaux, Monseigneur ».

« Des moineaux ? Vous montez sur les toits à minuit pour attraper des moineaux ? Le bien étrange caprice que voilà ! »

« Oui, Monseigneur. Je vais vous dire la vérité. Lorsque Takechiyo-*sama*[9] et moi marchions le long du corridor ce matin, son attention fut captivée par quelques petits moineaux sur le toit et nous nous arrêtâmes pour les regarder. Takechiyo-*sama* dit : "Qu'ils sont mignons !" Je décidai alors de les capturer, afin qu'il puisse jouer avec. C'est la raison pour laquelle je suis monté ce soir sur le toit de vos appartements, alors que tout le monde dormait, au mépris du respect qu'il convient de montrer à votre auguste personne. J'ai attrapé deux des jeunes moineaux ; hélas, voyez la rapidité avec laquelle le châtiment du Ciel a condamné mon crime ! Je suis tombé et ma méchanceté a été découverte. Je suis prêt à endurer le châtiment que Votre Seigneurie jugera approprié ».

« Monseigneur ! », interrompit Dame Oeyo, l'épouse du shogun. « Excusez mon intervention, mais je pense que Takechiyo a dû ordonner à Choshiro d'attraper ces moineaux. Il ne peut y avoir de doute à ce sujet ».

Il convient de préciser ici que Dame Oeyo avait eu deux fils, Takechiyo et Kunimatsu. Takechiyo, l'aîné, était vif mais un peu rude dans ses manières ; son frère cadet était au contraire calme et efféminé. Pour cela et probablement pour d'autres raisons

---

9. *Sama* : marque de déférence de la langue japonaise.

restées inconnues, Dame Oeyo préférait Kunimatsu. Elle désirait qu'il fût nommé héritier du shogun à la place de son frère aîné, et ne perdait par conséquent jamais une occasion de dénigrer Takechiyo. En rabaissant ce dernier dans l'estime de son père, elle espérait atteindre son objectif en temps voulu.

« Takechiyo est un garçon bien insouciant ! », convint le shogun. « Tout cela s'est sans aucun doute fait à son instigation. Quelle cruauté de commander à Choshiro de mettre en danger sa vie pour capturer des oiseaux sur un toit la nuit ! Bien qu'il ne soit qu'un enfant, il ne peut être excusé. Un proverbe dit : "Même un serpent long d'un pouce peut mordre". Celui qui n'a que peu de considération pour ses serviteurs quand il est jeune ne peut gouverner avec sagesse quand il est investi de bien plus de pouvoir. Maintenant, Choshiro... », et se tournant vers le garçon qui était resté agenouillé à ses pieds : « Takechiyo vous a ordonné d'attraper ces moineaux, n'est-ce pas ? »

Choshiro avait écouté avec étonnement les paroles désobligeantes du shogun et de son épouse à propos de son maître adoré. Qu'entendaient-ils par : « Même un serpent long d'un pouce peut mordre » ? Leurs sentiments envers le garçon semblaient hostiles; que viendraient-ils à penser si le fond de l'affaire faisait surface ? Choshiro était résolu : il prendrait tout le blâme sur lui, même au péril de sa vie.

« Oh, non, Monseigneur ! », dit-il avec ferveur. « Takechiyo-*sama* ne m'a jamais donné un tel ordre, jamais ! J'ai attrapé ces moineaux de mon propre chef. Je voulais en donner un à Takechiyo-*sama*, et garder l'autre pour moi ».

« Allons donc ! Quoi que vous disiez, je sais que Takechiyo est derrière cette affaire. Vous êtes un gaillard bien culotté pour oser me mentir ! Laissez-moi voir... Que vais-je faire de vous ?.. Ici ! Apportez-moi l'un de ces sacs ».

Le shogun désigna un amas de grands sacs en cuir épais ressemblant à ces poches à écus dans lesquelles on entassait les objets de valeur, en cas d'incendie ou de tremblement de terre, avant de les ranger dans les hangars apyres.

Lorsque le sac lui fut présenté, le shogun déclara : « Maintenant, Choshiro, si vous n'avouez pas, je vais devoir vous mettre dans ce sac. Vous ne rentrerez jamais chez vous, pas plus que vous ne recevrez à manger. Persistez-vous dans votre mensonge ? »

« Ce n'est pas un mensonge, Monseigneur ; c'est la vérité. J'ai capturé les moineaux de mon propre chef. Personne d'autre que moi-même n'est responsable de ma faute. Ma chute depuis le toit était la punition du Ciel. Il est juste que vous me châtiiez aussi. Je vous prie d'ailleurs de le faire ».

À ces mots Choshiro, ne trahissant aucune peur, sauta lui-même dans le sac.

« Quel garçon têtu ! », s'écria le shogun en colère.

Avec l'aide de son épouse, il ficela solidement le sac et le fit suspendre à une cheville dans le corridor. Puis ils se retirèrent et s'en retournèrent à leur repos interrompu.

Le lendemain matin, une fois son petit déjeuner

achevé et sa toilette terminée, Dame Oeyo sortit dans le corridor, suivie de deux demoiselles d'honneur. Le sac pendait encore au mur. Dame Oeyo ordonna qu'il fût décroché. En l'ouvrant elle remarqua que le garçon tenait encore les moineaux morts dans ses mains.

« Bonjour, Votre Seigneurie », déclara Choshiro, se frottant les yeux, les poings fermés.

« Takechiyo vous a ordonné d'attraper les moineaux, n'est-ce pas ? », dit Dame Oeyo avec bonté, dans l'espoir de lui faire avouer la vérité.

« Non Madame, c'était mon idée. Takechiyo-*sama* n'a absolument rien à voir avec cette affaire ».

« Allons mon garçon, si vous vous obstinez, vous resterez prisonnier pour toujours et ne recevrez rien à manger. Mais si vous confessez ce dont je suis convaincue, vous serez libéré et nourri. Maintenant, la vérité ! »

« Madame, puisque vous me l'ordonnez, je vais dire la vérité. Seulement, j'ai tellement faim qu'il m'est difficile de parler. M'autoriseriez-vous quelques *musubi* [10] ? Je vous dirai tout ce que vous désirez apprendre de moi ».

« C'est bien, qu'on lui apporte donc des *musubi* ».

Dame Oeyo donna ses ordres et bientôt le garçon dévorait avidement les gâteaux de riz.

« Merci Madame, je puis maintenant parler ».

« Alors confessez la vérité, mon garçon, confessez bien vite ; je suis fatiguée d'attendre ».

« Pardonnez-moi, Madame, mais j'ai bien attrapé les moineaux de mon plein gré. Je n'ai reçu aucune

---

10. Boulettes de riz.

consigne directe ou indirecte de Takechiyo-*sama*. C'est la vérité ».

Dame Oeyo entra dans une colère noire. Frappant du pied sur le sol, elle se précipita dans la chambre du shogun et lui fit un récit exagéré de la scène. Le shogun était furieux.

« Le galopin ! », s'écria-t-il en se levant. Il attrapa son sabre forgé par Yoshimitsu. « Je vais le tuer moi-même... Hasegawa Tango, apportez-moi Choshiro ! ».

Tango trouva le coupable assis dans son sac, les mains sur les genoux.

« Choshiro », dit-il, « Sa Seigneurie est terriblement en colère contre vous. Votre obstination et votre insolence ont eu raison de sa patience. Il a l'intention de vous tuer de ses propres mains. Préparez-vous à une mort instantanée ! »

« Je suis prêt, Monsieur ».

« Votre père est un vieil ami », reprit l'homme avec pitié. « Si vous avez un message d'adieu pour lui je me chargerai de le délivrer ».

« Je vous remercie, Monsieur, mais c'est inutile. Le devoir d'un samouraï est de sacrifier sa vie au nom de la loyauté. Dites seulement à mon père que son fils a rencontré son destin sans crainte, par l'épée de son seigneur. Toutefois, ma mère est à ce qu'il paraît malade, et cette nouvelle risque fort de la conduire à sa mort également. Voilà mon seul regret ».

« Quelle volonté héroïque ! », s'écria Tango, incapable de retenir ses larmes. « Votre père pourra être fier de vous, mon garçon, quand je lui dirai comment vous avez rencontré la mort ».

Prenant Choshiro par la main, Tango le conduisit devant le shogun et sa femme. Le souverain se leva, solennel, à leur entrée et posant la main sur la poignée de son sabre leur fit signe de s'approcher. Le brave garçon s'agenouilla puis écarta les mèches folles de son cou. Les mains jointes et les yeux fermés, il attendit sereinement la décapitation. À la vue de ce spectacle pathétique le shogun fut pris de compassion. Jetant son sabre au loin, il déclara : « Choshiro, je vous absous ! Vous avez fait preuve d'une indéfectible fidélité à votre jeune maître. Loyal jusqu'à la mort ! Tango, je vous prédis que lorsque Takechiyo me succédera, personne ne sera en mesure de l'aider aussi bien dans la tâche de gouverner les hommes que ce courageux jeune samouraï. Choshiro, vous êtes pardonné ! »

La vengeance de Katsuno

——

Un homme et une femme chuchotaient près d'une lampe qui distillait une lumière tamisée. La pièce, détachée du bâtiment principal, était calme, protégée par une haie de *u-no-hana*[11] dont les fleurs d'une blancheur de neige étincelaient au clair de lune. Seuls les coassements des grenouilles de la rizière voisine brisaient le silence de la nuit.

L'homme, Sakuma Shichiroemon, officiait comme conseiller auprès d'Oda Nobuyuki[12], le seigneur du château d'Iwakura dans la province d'Owari. Shichiroemon était un samouraï d'environ cinquante-deux ans, farouche d'aspect, aux muscles puissants et arborant une moustache grise hérissée. Hautain, colérique et terriblement jaloux, il tyrannisait ses subordonnés et était par conséquent l'objet de toutes les haines.

La personne assise en face de lui était une femme proche de son âge connue sous le nom d'O-Tora-no-Kata. Elle dirigeait les demoiselles d'honneur du seigneur Oda, et avait une réputation de harpie colérique, rusée et avare, qui n'inspirait aux servantes que terreur et aversion. O-Tora s'était insinuée dans les bonnes grâces de Shichiroemon afin de sécuriser sa position. De son côté, Shichiroemon se servait

_____

11. Deutzia.

12. Oda Nobuyuki (1536-1557), jeune frère du puissant seigneur Oda Nobunaga (1534-1582).

d'elle afin d'espionner les actions de son maître, de ses collègues et de ses subordonnés.

« Qu'est-ce cela, Madame Tora ? », demanda Shichiroemon le visage rougissant de colère. « Voulez-vous dire que Notre Seigneur va placer ce béjaune d'Hachiya au dessus de moi, au poste de premier conseiller ? »

« Je vous répète ce que j'ai entendu : toutes les filles en parlent... »

« Bah! Que je déteste cet Hachiya ; un fils de paysan né dans l'obscurité. Qui sait d'où il vient ? Un pâlot, une graine d'efféminé au visage lisse ! Avec quelle désinvolture il flatte Notre Seigneur ! Il n'a jamais été à la guerre ; à quoi pourrait bien servir un tel rat de bibliothèque en ces jours bellicistes ? Ce gamin inexpérimenté, premier conseiller ?! Hum, quel engouement ! Ha ha ha ! »

« Ne bouillez point encore, car le feu démarre à peine... »

« Le feu ? »

« Ha ha ! », s'exclama O-Tora avec un sourire désagréable. « Là, j'ai de quoi vous rendre fiévreux ! »

« Arrêtez de m'agacer comme ça », répliqua-t-il avec impatience. « Dites-moi vite ».

« C'est le secret des secrets. Je ne souhaite pas... disons... le brader ». Elle parla lentement, en mettant l'accent sur le mot « brader ».

« Quelle cupide vous faites ! Et bien, j'acheterai votre secret avec ceci ». À ces mots, Shichiroemon sortit une bourse de son kimono et la jeta sur le tapis. La vieille la ramassa en silence ; un sourire malicieux s'esquissait sur ses lèvres.

« Seigneur Sakuma, vous ne devez pas baisser votre garde ».

« Que voulez-vous dire ? »

« Eh bien, K... ... Vous devez renoncer à elle ».

« Quoi ! Renoncer à Katsuno ? », s'écria-t-il. « Pourquoi ? Dites-moi vite ! »

« Ne soyez pas surpris. Notre Seigneur se plaît à la donner en mariage à Hachiya ».

Katsuno était une demoiselle d'honneur de Nobuyuki, et sa grande favorite. Jeune femme de dix-neuf printemps, elle était l'incarnation de la beauté : grâce et douceur de caractère, raffinement et dignité. En dépit de son grand âge, Shichiroemon en était follement amoureux. Il l'avait courtisée de bien des façons, grâce à l'entremise d'O-Tora, mais Katsuno n'avait montré aucune inclination suite à ses avances.

« Est-ce que Hachiya a une liaison avec Katsuno ? », demanda anxieusement Shichiroemon.

« Ce n'est pas le cas. Vous savez, ce sont tous deux d'honnêtes imbéciles : ils sont trop stupides pour penser à ces choses-là. De toute façon, s'ils avaient un penchant l'un pour l'autre, ils ne pourraient échapper à mon œil vigilant... Même un démon ne pourrait s'y soustraire ! »

« C'est donc un ordre de Notre Seigneur ? »

« En effet. De plus, ce matin, Madame son épouse m'a dit : "Il n'est pas bon pour Hachiya de rester seul plus longtemps ; Katsuno est une belle fille dotée d'un excellent caractère, je vais donc proposer à Mon Seigneur de la donner en mariage à

Hachiya en récompense de ses services !" Oui, c'est bien ce que Madame a déclaré ».

« En est-ce bien ainsi ? », murmura Shichiroemon, dont le front s'assombrissait et les yeux étincelaient de jalousie. « Ce béjaune, fils de paysan ! Il serait déshonorant de le placer au dessus d'un homme de ma capacité et de mon expérience, et ce serait un tort supplémentaire que de lui donner Katsuno. Quelle insulte ! Quelle mortification pour quelqu'un de mon âge ! Je ne puis le supporter ! Je n'aurai de repos que je ne prenne des mesures contre cet Hachiya — mon ennemi mortel ! Je me vengerai ! On ne me provoque pas impunément ! » Il parla avec tant d'ardeur et l'expression de son visage était si diabolique que la vieille femme frissonna de peur.

« Votre colère est tout à fait naturelle, Seigneur, mais vous savez : "La colère mène chacun à sa perte". Vous devriez réfléchir plus posément au problème ».

« Avez-vous quelque chose à proposer ? ».

« Voyons... Bien sûr ! En premier lieu, il faudrait éliminer Hachiya. Ensuite nous devrions faire en sorte de libérer Katsuno du service de Notre Seigneur, sous un prétexte ou un autre. Ça, je m'en charge ».

« Quant à moi, je réglerai l'autre affaire ! Mais prudence, Madame Tora ! ».

À ce moment-là, une rafale de vent frais balaya la salle et souffla la lumière de la lampe, mettant ainsi un terme à leur entrevue.

C'était un bel après-midi d'automne. Dans les jardins du château d'Iwakura, les lumineuses feuilles d'érable et les chrysanthèmes multicolores semblaient à l'apogée de leur beauté.

Ce jour marquait l'anniversaire de la mort du père de Nobuyuki. Tous les résidents du château assistaient depuis le matin à divers services religieux et s'affairaient autour de la tombe du défunt. Un banquet devait également avoir lieu en soirée, et auquel étaient conviés tous les samouraïs.

Il était environ quatre heures quand plusieurs demoiselles d'honneur se retirèrent dans une chambre privée, profitant d'un moment de repos pour caqueter avec volubilité.

« Comme vous êtes bavardes, servantes ! Vous babillez comme des moineaux ». La remarque sarcastique d'O-Tora qui entrait à ce moment-là mit efficacement un terme à la conversation enjouée. Alors qu'elle s'asseyait, une des filles, jeune chose impertinente, hasarda avec un sourire pudique : « Mais Madame, les femmes ne sont-elles pas bavardes par nature ? Et ne dit-on pas : "Les rossignols visitent les fleurs de prunier" et "Les moineaux et les tigres visitent les bosquets de bambou" ? De sorte que nous babillions comme des moineaux en espérant que Madame Tora [13] vînt à nous ».

---

13. « Tora » signifie « tigre » en japonais.

À cette repartie la petite assemblée éclata de rire, et même la duègne revêche ne put retenir un sourire aigre.

« Votre citation sur les moineaux me rappelle Takane », dit-elle. Takane était le nom que l'on avait donné à un *mejiroka*[14] en cage. « Il semblerait que l'oiseau n'ait pas chanté une seule note de toute la journée. A-t-il été nourri ? »

Les filles tressaillirent : elles avaient été tellement accaparées depuis l'aube qu'elles avaient oublié de s'occuper de l'oiseau. Le *mejiroka* était un animal de compagnie très apprécié du seigneur. Il l'avait reçu du shogun, entre autres cadeaux, en reconnaissance de ses services à la guerre. Nobuyuki adorait l'oiseau, tant pour son chant que pour son auguste provenance.

O-Tora, se délectant de l'air consterné des servantes, leur répliqua méchamment : « Vous feriez mieux de nous épargner vos bavardages stériles jusqu'à ce que vous ayez au moins accompli toutes vos tâches journalières, bande d'inutiles ! »

C'est alors que Katsuno, qui se trouvait au milieu des servantes, déclara : « C'est une honte d'avoir oublié ce malheureux oiseau ! Pauvre créature, comme elle doit être affamée ! Je m'en vais la nourrir sur le champ ».

Elle descendit dans le jardin, et s'avança près d'un vieux prunier, tendant les bras vers une cage magnifiquement ornée qui pendait à une branche.

---

14. Zosteropidae, un oiseau de la famille des passereaux qui a pour particularité une collerette blanche autour de l'œil. « Mejiro » en japonaise signifie « œil blanc ».

À cet instant, un crochet céda et la cage chut. La porte s'ouvrit et le petit prisonnier s'échappa avec un gazouillis heureux. Poussant un cri de désarroi, la jeune fille courut après l'oiseau, mais c'était trop tard : celui-ci avait fait son chemin à travers les arbres et volait déjà loin dans le ciel.

« Qu'avez-vous fait, Katsuno ? », s'écria O-Tora depuis la véranda. Elle jubilait car cet incident lui permettrait sans nul doute de concrétiser son sombre projet de disgrâce ; cependant elle dissimula habilement sa joie sous un masque de peur et de consternation. « Hélas ! Vous avez laissé Takane s'envoler. Ma chère, ma chère, quelle négligence ! Comment vous êtes-vous débrouillée ? »

Katsuno, à moitié stupéfaite, regardait l'oiseau disparaître à l'horizon. Finalement les mots d'O-Tora lui firent reprendre ses esprits. Réalisant le châtiment qui l'attendait, elle chancela puis tomba au sol en se lamentant. Les autres servantes jabotaient depuis la véranda.

« Qu'allez-vous faire, Katsuno ? », poursuivit la vieille mégère qui s'était approchée de la malheureuse ; et la saisissant par le col de son kimono : « Vous savez que Takane n'est pas un oiseau commun ; c'était un cadeau de Son Altesse le Shogun. Vous rendez-vous compte de ce que vous venez de faire ? Pensez-vous pouvoir réparer votre faute simplement avec des larmes ? Avez-vous pensé au tort que vous me causez ; car c'est bien moi qui vais être blâmée ! Je serai certainement jugée comme responsable de ce malheur ! Allons, debout jeune fille ; qu'avez-vous à dire ? »

« Katsuno, prépare-toi à mourir ! » La voix courroucée les fit tous tressauter. Informé de ce qui s'était passé, Nobuyuki avait accouru sur les lieux, hors de lui, et se tenait maintenant devant la jeune fille prostrée, agitant son sabre nu dans une rage incontrôlable.

« Monseigneur, Monseigneur, attendez ! » C'était le nouveau premier conseiller Tsuda Hachiya qui s'interposait ainsi. « Calmez-vous, Monseigneur, je vous en prie. Avez-vous oublié quel jour nous sommes ? N'est-ce pas le saint anniversaire de la disparition de votre vénéré père ? Souilleriez-vous cette occasion solennelle d'un acte sanglant commis dans un accès de colère ? Retenez votre geste et laissez-moi me charger de cette question ».

La rage de Nobuyuki s'estompa aussi vite qu'elle s'était levée. Il remit son sabre au fourreau, et retourna sur la véranda.

Déjà, la plupart des vassaux étaient arrivés au château pour le banquet du soir, et le bruit de l'incident les attira vers la scène. Shichiroemon était parmi eux et sous le couvert de la confusion chuchota quelque chose à son complice ; puis s'avançant : « Quel sera le châtiment de Katsuno, Monseigneur ? », demanda-t-il. « C'est agir avec sagesse que de ne pas infliger la mort de vos honorables mains. Seulement, en guise d'excuse envers Son Altesse le Shogun et comme exemple pour le clan, il est nécessaire... il est impératif qu'elle reçoive un juste châtiment ».

« Eh bien... » Nobuyuki hésita, puis se tournant vers Hachiya : « Donnez-moi votre avis, Hachiya.

Dois-je faire comme Shichiroemon vient de dire ? »

« Non, Monseigneur. Dans un lointain passé, sous le règne de l'Empereur Takakura, des jardiniers peu avisés coupèrent par un matin glacial quelques branches d'un bel érable très apprécié du jeune monarque. Ils les brûlèrent pour réchauffer leur saké. Fujiwara Nobunari, le fonctionnaire en charge de cet arbre, fut très choqué de cela. Il lia les délinquants pieds et poings et courut signaler l'affaire à l'empereur. Ce dernier cependant bienveillant, ne se mit pas du tout en colère, et déclara calmement : "Un poète chinois chante :

Dans les bois nous amassâmes les feuilles d'érable,
Et les brûlâmes pour exalter notre saké.

Je me demande comment ces humbles jardiniers ont développé ses manières si raffinées... Quelle idée poétique !" C'est ainsi que l'empereur pardonna aux jardiniers négligents. C'est une des raisons pour lesquelles l'Empereur Takakura reste vénéré comme un grand souverain après tant de siècles. Je prie donc Monseigneur d'être indulgent envers une jeune fille qui, sans être pour autant fautive, a été assez malheureuse pour finir mêlée à ce regrettable incident ».

«Assez, Monsieur Tsuda ! », interrompit Shichiroemon. « Vous êtes sans doute érudit et éloquent, mais la veule mesure que vous suggérez ferait un mauvais précédent. Vous êtes toujours tendre et sympathique avec les femmes, mais dans le traitement d'une affaire comme celle-ci, il ne peut y avoir aucune distinction de sexe. Vous pourriez tout aussi bien pardonner au délinquant qui met le feu au château et le réduit en cendres, juste parce que c'est une femme agissant "par erreur" ! Est-ce là justice ? »

« Votre argument est absurde », répondit le jeune homme avec mépris. « Vous parlez comme si la sévérité était un bon principe de gouvernance. Si c'était réellement le cas, pourquoi les rois Chow et Chieh de la Chine antique, et les Taira et les Ashikaga dans notre propre pays ont connu une ruine si rapide ? Rappelez-vous que c'est aujourd'hui le saint anniversaire de la disparition du père de Notre Seigneur, et que par conséquent, il aurait très bien pu décider de rendre lui-même sa liberté à l'oiseau, pour que reste en paix le vénéré esprit. La faute d'inattention de Katsuno s'est muée en un acte empreint d'humanité, celui de libérer un pauvre oiseau de sa cage. J'ai lu quelque part ces lignes :

> *Bien que l'on aime les chansons douces d'un oiseau en cage,*
> *Qui connaît la tristesse de son cœur ?*

À mon avis, Katsuno n'a commis aucune faute au sens propre du terme, mais a réalisé au contraire une bonne action ».

Tous les témoins, à l'exception d'O-Tora et de Shichiroemon, avaient écouté avec admiration l'éloquent plaidoyer de Hachiya en faveur de

Katsuno. Le duo au cœur noir persista, exhortant que l'on expulse la jeune femme du château, mais Nobuyuki fit la sourde oreille et décida de laisser passer l'affaire. Katsuno, qui était restée tout ce temps à genoux dans le jardin, ressentit à l'égard de son libérateur la plus profonde gratitude.

Tsuda Hachiya avait trente et un ans. Il était né fils de fermier, mais sa beauté et son éducation lui valurent d'être nommé dans sa seizième année au poste de page dans la maison de Nobuyuki, qui ne tarda pas à le traiter avec beaucoup d'affection. Le jeune samouraï consacra ses loisirs à l'étude approfondie de la littérature, et à l'apprentissage du duel au sabre. Il manifesta rapidement une aptitude à l'administration, chose rare en ces temps où les guerriers restaient souvent intellectuellement mal formés. Hachiya progressa très rapidement dans la hiérarchie, et alors qu'il n'était encore qu'un jeune homme, obtint les charges de premier conseiller et d'intendant. Il jouissait donc d'une grande autorité, mais se comportait toujours avec modestie en public et humilité en privé, et servait son maître avec fidélité et diligence. Tout le clan l'admirait pour son caractère et sa vertu.

Un soir, Hachiya se présenta devant son maître, répondant à une convocation urgente de celui-ci.

« Hachiya... », commença Nobuyuki ; puis avec

un sourire aimable : « Je pense qu'il est grand temps pour vous de..., n'est-ce pas ? »

« Excusez-moi, Monseigneur, mais j'ai peur de ne pas vous comprendre », déclara Hachiya, perplexe.

« Cette affaire importante qui vous concerne... »

« Cette affaire qui me concerne ? », reprit le jeune homme plus hésitant que jamais.

« Ah, ah ! Ce que vous pouvez être bêta aujourd'hui ! L'affaire Katsuno ! »

Hachiya se tut. Ce n'était pas la première fois que Nobuyuki, très enthousiaste sur la question du mariage de Hachiya, avait proposé d'agir comme intermédiaire entre lui et Katsuno. Hachiya affectionnait la jeune fille mais préférait rester prudent. Il gardait en mémoire le dicton : "La pleine lune ne peut que décliner". Sa nomination comme premier conseiller au détriment d'hommes plus âgés en avait déjà à coup sûr offensé plus d'un. Devait-il de surcroit se marier avec Katsuno dont la beauté était connue de tout le clan ? Cela ne susciterait-il pas encore quelque jalousie ou haine ? Par ailleurs, il n'ignorait pas les sentiments de Shichiroemon, et n'avait aucun désir de les provoquer. C'est pourquoi Hachiya, sous divers prétextes, avait éludé mois après mois les bienveillantes importunités de son maître.

« Allez-vous répondre de nouveau "le mois prochain" ? » demanda Nobuyuki, à moitié menaçant, alors que le jeune homme gardait toujours le silence. « Ne croyez pas me berner de cette façon ! »

Hachiya se tint coi, la tête respectueusement inclinée.

« Répondez-moi tout de suite ! Toujours silencieux ? Vous n'aimez pas la fille ? »

« Si, Monseigneur, mais je crains son refus ! »

« Est-ce tout ? Apaisez votre esprit sur ce point, je l'ai sondée. Pauvre enfant ! Depuis l'incident du *mejiroka*, sa "maladie" ne fait qu'empirer et elle semble désormais très amincie ! »

Attentif et sympathisant, Nobuyuki avait découvert que Katsuno était malade d'amour pour Hachiya.

« Ne me taquinez pas, Monseigneur ! Je vais vous exposer les vraies raisons de mon hésitation ». Et complétant ce préambule, Hachiya livra alors ses arguments ; à chacun d'eux le vieil homme acquiesça d'un petit signe.

« J'admire votre prudence », dit Nobuyuki lorsque Hachiya eut cessé de parler. « Mais n'oubliez pas que vous ne pourrez jamais rien entreprendre si vous vous souciez tant du sentiment des autres... Quant à cette vieille poule de Shichiroemon, n'ayez crainte. J'ai jeté mon dévolu sur votre bonheur, et je ne fais jamais les choses à moitié. C'est mon souhait également de donner à Katsuno ce que son cœur désire. Toutefois, je pense qu'il serait avisé de reporter cette union au nouvel an. Jusque-là, je n'entendrai plus aucun refus. Oui, oui, c'est ce que nous allons faire, Hachiya ».

Ce disant, Nobuyuki convoqua une femme de chambre et d'une voix basse donna un ordre. Une bouteille de saké et quelques tasses furent apportées. Le *fusuma* [15] qui séparait la pièce de la chambre voisine coulissa doucement et une jeune femme vêtue d'un *uchikake* [16] éclatant apparut. Elle se mit à genoux dans un mouvement plein de grâce. La jeune fille n'était autre que Katsuno.

« Quel est votre plaisir, Monseigneur ? », dit-elle en s'inclinant respectueusement devant Nobuyuki en premier, puis en direction de Hachiya.

« Ah ! Serait-ce Katsuno ? Je veux que vous nous serviez du saké. Asseyez-vous près de moi, Hachiya. Venez, buvons ! »

« Excusez-moi, Monseigneur. Je suis attendu chez moi, et d'ailleurs il se fait tard. Avec votre aimable permission, je vais me retirer ».

« Non, non, pas tout de suite, Hachiya. Bien qu'il soit tard, aucun être cher n'attend votre retour, il me semble. Ah, ah ! Venez, vous ne pouvez plus refuser. Katsuno, versez-lui une coupe de saké ! »

Katsuno hésita timidement, mais comme Nobuyuki répétait son ordre, elle prit la bouteille et d'une main tremblante remplit la coupe de Hachiya à ras bord. Leurs regards se croisèrent et tous deux se mirent à rougir.

« Si vous avez bu, laissez Katsuno avoir la coupe », commanda Nobuyuki.

« Je devrais plutôt retourner la coupe à Votre Seigneurie en premier ».

« En aucun cas ; je boirai après elle. Donnez-la à Katsuno ! »

Hachiya n'eut d'autre choix que de s'exécuter.

---

15. Cloison coulissante entre deux pièces.

16. Kimono de mariée.

Il tendit donc la coupe, après l'avoir remplie, à la demoiselle d'honneur. Katsuno la but avec timidité.

« Donnez-la moi maintenant ».

Nobuyuki lampa trois coupes pleines puis dit avec un rire narquois : « Je suis très heureux de vous voir ainsi échanger les coupes de fiançailles ! Ah, ah ! Mes sincères félicitations ! »

Les jeunes amoureux se prosternèrent en signe de reconnaissance.

Or, comme ils s'inclinaient, le tintamarre des cloches d'alarme brisa le silence de la nuit et captiva leur attention.

« Que se passe-t-il ? », s'écria Hachiya, en ouvrant le *shōji* [17] pour regarder dehors. Mais le ciel blafard, les flammes montantes et les gerbes d'étincelles ne dénonçaient que trop sûrement une maison en feu !

« Un incendie, Monseigneur ! À moins de cinq *chō* [18] au-delà des pins sur la rive de la douve. Il me faut y aller tout de suite ! »

« C'est un incendie, sans aucun doute », confirma Nobuyuki qui observait le ciel à son tour. « N'est-ce pas près de chez vous ? »

« Permettez-moi de vous quitter ; je crains qu'il n'en soit comme vous le dites ! »

« Ne perdez pas de temps ! Je vais donner les instructions nécessaires au commissaire aux incendies moi-même ».

Hachiya remercia précipitamment son maître,

---

17. Porte coulissante constituée de papier translucide fixé sur une trame en bois.

18. Environ 550 mètres.

s'excusa auprès de Katsuno puis quitta les appartements de Nobuyuki. Il courut vers sa résidence le plus vite qu'il put. Un vent violent s'était levé et sifflait à travers les branches des grands pins ; les cloches de fer sonnaient de plus en plus fort.

Ses craintes s'avérèrent malheureusement fondées : il atteignit sa résidence et constata bientôt qu'elle était déjà enveloppée par les flammes ! Une salle isolée où il avait l'habitude d'étudier était déjà réduite en cendres. Le feu ravageait maintenant le bâtiment principal. Les arbres du jardin brûlaient également et le vent qui secouait les branches traînait avec lui des pluies d'étincelles. Un petit nombre de samouraïs et de pompiers faisaient tout leur possible avec des seaux et des râteaux pour contenir le feu, mais contre ces flammes ardentes attisées par la colère du vent, leurs efforts semblaient bien vains. Hachiya poussa involontairement un profond soupir de désespoir. Pourtant, il n'y avait pas de temps à perdre. Il était impératif qu'il s'engageât dans le bâtiment en feu afin d'en sauver, si possible, des documents importants, certains trésors ancestraux, ainsi que quelques cadeaux de grande valeur qu'il avait reçu de son maître.

Comme il se précipitait par la porte avant, une forme sombre jaillit de l'ombre d'un grand pin et lui enfonça une lame dans le ventre. Avant que Hachiya n'eût le temps de dégainer son propre sabre, l'assassin avait frappé de nouveau et lui avait percé le cœur. Le jeune conseiller tomba au sol sans vie.

Le corps carbonisé du malheureux samouraï fut retrouvé le lendemain dans les cendres de sa maison en ruines.

En apprenant la mort de Hachiya, Nobuyuki serra les dents et Katsuno devint folle de chagrin.

Un *wakizashi* [19], une excellente lame forgée par Masamune, avait été retrouvé près du corps. En le voyant, Nobuyuki se frappa la cuisse d'un air triomphant : c'était une arme bien connue qui avait été offerte par son frère aîné Nobunaga, le seigneur d'Owari, au frère aîné de Shichiroemon, Gemba Morimasa. Ce dernier officiait au poste de conseiller.

Nul, hormis Morimasa et Shichiroemon, n'aurait pu avoir ce *wakizashi* en sa possession. Par conséquent, Nobuyuki, qui connaissait les tensions entre ses deux vassaux, ne douta pas un instant que Hachiya eût été victime de la malignité jalouse de l'homme qu'il avait par deux fois supplanté : une fois dans les faveurs du maître, et une autre fois dans l'affection d'une femme.

On arrêta un suspect non loin de la demeure de Hachiya, la nuit de l'incendie. Celui-là avoua après un interrogatoire strict que c'était sous les ordres de Shichiroemon qu'il avait mis le feu à la maison. Les preuves de la culpabilité de Shichiroemon étaient

19. Sabre court

accablantes. Plusieurs samouraïs furent dépêchés à sa résidence pour l'arrêter, mais ayant reniflé le danger, le rusé scélérat avait fui depuis longtemps déjà. Une enquête rigoureuse révéla qu'il s'était réfugié dans la province de Mito au château d'Inaba, demeure du seigneur Saito Dozo. O-Tora-no-Kata avait disparu également et le bruit courait qu'elle se cachait maintenant dans la demeure de Morimasa.

On était le septième jour du premier mois de l'année, et la plupart des gens savourait les festivités du nouvel an. Mais pour Nobuyuki, la saison restait terne et sans joie. Il ruminait toujours la fin tragique de son conseiller favori. Perdu dans ses pensées et alors qu'il se penchait sur son accoudoir, il ne remarqua pas l'entrée de Katsuno. La jeune fille était très pâle, émaciée. Elle se mit à genoux devant lui.

« Ah, Katsuno, je suis content de vous voir », commença-t-il. « Je pensais justement à Hachiya ainsi qu'à votre profonde affliction... Perdre votre futur mari après avoir échangé les coupes de fiançailles... Je compatis de tout mon cœur ».

« Merci, Monseigneur », répondit-elle tristement. « Vous êtes trop bon pour moi ».

« Il est naturel que vous pleuriez », reprit Nobuyuki après une pause. « Mais l'affliction ne va à personne. Il serait beaucoup plus sage de mettre au point en toute hâte un plan pour tuer le pleutre assassin et venger ainsi Hachiya ».

« Vous avez raison, Monseigneur. Je pense que mon mari dans le Yomi [20] serait heureux de

---

20. Le royaume des morts.

savoir que Votre Seigneurie est prête à tant pour son honneur. Puis-je vous demander quel est le résultat de vos négociations avec Son Excellence, le seigneur d'Owari ? »

Nobunaga, le seigneur d'Owari, était le gendre de Saito Dozo. Nobuyuki avait demandé à son frère de prendre des dispositions pour l'extradition de Shichiroemon, mais Dozo avait abruptement refusé.

« Cela rend notre affaire difficile », conclut le vieux seigneur désolé.

« J'ai une faveur à vous demander, Votre Seigneurie ; m'autorisez-vous à parler ? »

« Allez-y ».

« Permettez-moi de me rendre à Inaba, Monseigneur ».

« À Inaba ! Vous voulez aller au château de ce Dozo ? »

« Oui, Monseigneur. Je souhaite entrer au château sous un déguisement, et venger la mort de Hachiya ! »

« Vous n'y pensez pas, Katsuno ! » Nobuyuki ne put retenir un sourire, malgré la résolution mortelle qu'affichait la jeune fille. « Une jeune femme, et seule de surcroît ? Absurde ! »

« Non, Monseigneur, croyez en moi ! » Les yeux de Katsuno brillèrent et sa respiration s'accéléra. « J'ai déjà tout planifié. Je vous supplie de me laisser partir ! »

Nobuyuki tenta de la raisonner, en vain. Sa résolution était prise, et rien ne pouvait l'ébranler. Par conséquent, il lui accorda l'autorisation requise à contrecœur, et lui tendit le *wakizashi* forgé par

Masamune en disant : « C'est la lame avec laquelle notre cher Hachiya a été poignardé. Plongez la dans la gorge de son meurtrier, jusqu'à la garde, et vengez sa mort ! »

« Je le ferai, ou je mourrai dans la tentative ! Monseigneur, je vous remercie. Au revoir ; au re... »

Un sanglot étouffa ses paroles, et elle sortit de la pièce en hâte.

« Puissiez-vous réussir », murmura Nobuyuki comme elle disparaissait ; puis il s'abîma dans ses pensées.

五

Sous le déguisement d'une épouse de marchand et sous un faux nom, Katsuno se rendit à la ville fortifiée d'Inaba. Elle prit demeure dans la maison d'un oncle fermier qui vivait dans un village voisin, et resta à l'affût d'une opportunité.

Un jour, Yoshitatsu, le fils de Saito Dozo, revenant de la chasse, s'arrêta à la ferme pour se reposer. Katsuno se mit à son service et lui prépara du thé. Sa beauté et la grâce de ses manières attirèrent l'attention du jeune noble. En réponse à ses questions, l'oncle de Katsuno lui répondit qu'elle avait récemment perdu son mari, un commerçant, et qu'elle avait hâte d'entrer au service de la dame d'un daimyo. Yoshitatsu entreprit de la faire engager comme demoiselle d'honneur auprès de sa mère, et son offre fut immédiatement acceptée avec joie. Katsuno déménagea au château, où son service fidèle plut tellement à sa maîtresse qu'elle devint rapidement une favorite d'importance.

C'était une chaude journée de printemps ; les délicates fleurs de cerisiers agrémentaient tout le pays de leur beauté et de la douceur de leur parfum évanescent. Depuis l'aube, un grand nombre d'ouvriers s'affairait au balayage de la cour du château, et à l'épandage de sable vierge. Manifestement, quelque chose d'important se préparait et Katsuno se demanda ce que cela pouvait être.

« Excusez ma curiosité, Madame », dit-elle en servant une tasse de thé à sa maîtresse, « mais quelle est la raison de tous ces préparatifs ? »

« Vous n'êtes pas au courant ? Demain se tiendra un tournoi de tir à l'arc monté ».

« De tir à l'arc monté, Madame ? Qu'est-ce donc ? », demanda Katsuno, feignant l'ignorance.

« Tous les samouraïs qui excellent au tir à l'arc pratiqueront leur art à dos de cheval ».

« Seront-ils nombreux à participer, Madame ? », interrogea Katsuno, le cœur battant à l'espoir qu'enfin, elle pourrait rencontrer son ennemi.

« Environ une centaine de samouraïs, il me semble, prendront part à la compétition ; et bien sûr, tous les guerriers de notre clan ainsi que leurs familles seront présents ».

« Qui sont les archers ? »

« Pourquoi vous en inquiéter ? »

Katsuno fut embarrassée un court instant, mais elle regagna rapidement sa présence d'esprit, et répondit : « Pour aucune raison particulière, Madame ; mais mon père, bien qu'il ne fût qu'un humble agriculteur, était un grand amateur de tir à l'arc et je m'intéresse donc depuis mon enfance à ce sport ».

« Ah, je vois. Et bien on m'a apporté le programme des événements ce matin. Le voici ; vous pouvez voir le nom des archers vous-même ».

Elle remit à Katsuno une feuille d'un doux quoique épais papier, recouvert de caractères noirs tracés en gras. Avec un empressement qu'elle s'efforçait de cacher, elle parcourut des yeux la liste ; en milieu de page à peu près, elle remarqua ce nom : *Sakuma Shichiroemon*. Enfin venait le moment tant attendu !

« Tous les archers semblent être de bons samouraïs. Quel spectacle splendide ils présenteront ! Comme je voudrais voir ce sport, même de loin ».

« Il ne devrait y avoir aucune difficulté sur ce point. Vous avez ma permission ».

« Madame, je vous suis profondément reconnaissante ».

Katsuno était dans un tel état émotionnel qu'elle ne put remplir ses tâches journalières qu'avec difficulté, et ne trouva point le sommeil de toute la nuit.

Le lendemain, le temps semblait vouloir rester

conciliant. La grande cour avait été soigneusement préparée, et l'on en avait clos le centre afin de délimiter la piste par un long rectangle bordé de gradins provisoires érigés pour accueillir les spectateurs. Leurs degrés furent recouverts de gais tapis et de coussins moelleux, ce qui donnait à l'ensemble une humeur colorée. Une estrade en plein centre de la galerie sur le versant oriental de la piste et à une distance convenable de la cible, avait été richement décorée de tentures de soies violettes et blanches qui voletaient aux caprices de la brise. C'était la place d'honneur réservée au seigneur Saito et à sa famille.

Toute la matinée, les samouraïs se présentèrent au château les uns après les autres, et bientôt l'assistance envahit les gradins. Le maître des lieux, accompagné de sa famille et en présence d'un imposant cortège de conseillers, de pages et de demoiselles d'honneur, apparut puis s'assit en grandes pompes à la place qui lui avait été préparée. Katsuno, joliment vêtue, le visage poudré et peint à la façon d'alors, et le *wakizashi* forgé par Masamune dissimulé contre son sein, se tenait au milieu de cette assemblée. Evitant le regard des autres, elle attendait avec impatience une opportunité.

« Aujourd'hui ou jamais », se dit-elle. « Si je laisse passer une telle occasion, je n'en obtiendrai jamais d'autre ! Cher Hachiya, regardez-moi depuis le Yomi ! Je vengerai votre mort avant le coucher du soleil ! » Puis joignant les mains, elle murmura une prière : « Ô, Hachiman, dieu de la guerre, puissiez-vous m'accorder le succès ! »

Lorsque les participants furent prêts, l'arbitre, le héraut, le signaleur et le préposé au registre se rendirent à leur poste respectif. Enfin, on fit battre un large tambour pour annoncer l'ouverture du tournoi. Les archers vêtus de *kosode*[21], *hitatare*[22], et *mukabaki*[23], sortirent un par un à cheval sur la piste. Ils galopaient vers les cibles et lâchaient leurs flèches à la marque. Le juge, après un examen attentif rendait sa décision, le héraut proclamait haut et fort le nom de l'archer et son fait tandis que le préposé au registre en laissait une trace écrite. Le rôle du signaleur était de rapporter les événements aux spectateurs. Ceux-ci répondaient alors avec des cris et des applaudissements si passionnés que les vibrations dans l'air décrochaient parfois quelques pétales des cerisiers en fleurs.

Chaque archer démontra ses compétences, puis ce fut au tour du numéro cinquante-trois, « Sakuma Shichiroemon ! » Katsuno, qui avait attendu ce moment avec impatience, les nerfs à vif, saisit involontairement la poignée du sabre caché contre sa poitrine. Shichiroemon s'avança lentement, mais dès qu'il se fut incliné devant son seigneur, il piqua son cheval et se précipita rapidement sur la piste.

Mue par son excitation nerveuse, Katsuno se pencha en avant et, se redressant, prit l'attitude nécessaire pour frapper son ennemi quand il arriverait à l'estrade. Ce faisant, elle toucha l'épaule de sa maîtresse et recula involontairement ; mais

---

21. Kimono à manches courtes

22. Veste de soie que l'on porte généralement sous une armure.

23. Sorte de culotte-tablier en cuir portée par les cavaliers

déjà l'instant d'après, elle se penchait de nouveau vers la piste, prête à agir.

Shichiroemon galopa avec la vitesse de l'éclair. La crinière du cheval toucha la balustrade, mais avant que la jeune fille n'eût pu réagir le samouraï était déjà loin, hors de portée.

Elle le regarda filer avec un cri de désarroi.

« Quel est votre problème, Katsuno ? », dit Dame Saito, mécontente du peu de manières affiché par sa servante préférée.

Rappelée à elle-même, la jeune femme força un rire, puis répondit assez habilement : « Pardonnez mon impolitesse, Madame ! Dans mon admiration pour ce sport héroïque je me suis oubliée ».

« Vous êtes effectivement friande de tir à l'arc ! »

« Oui, Madame, il n'y a rien que j'aime plus ».

« Etrange excentricité pour une jeune fille ! », répliqua sa maîtresse en la regardant avec curiosité. « Mais l'excitation semble vous exténuer : vous êtes pâle et vos yeux sont injectés de sang. Avez-vous mal à la tête ? »

« Non, Votre Seigneurie, c'est que je n'ai pas dormi la nuit dernière ».

« Seriez-vous indisposée ? »

« Je vais très bien. C'est la pensée des plaisirs de ce jour qui m'a empêchée de dormir ».

« Quelle passion pour le tir à l'arc ! », s'exclama la dame en riant, tandis que Katsuno s'empourprait à son ton moqueur.

Le déroulement du tournoi impliquait qu'un certain nombre d'archers concourussent à plusieurs reprises sur la piste ; Shichiroemon était parmi eux. À chaque fois qu'il montait, Katsuno guettait avidement sa chance, mais à son plus grand désarroi Shichiroemon tirait presque toujours sur le côté opposé de la piste, et dans les rares occasions où il s'approchait suffisamment près de l'endroit où elle l'attendait, il galopait si vite qu'elle était bien incapable de tenter quoi que ce fût. Elle se demanda si son ennemi l'avait reconnue et était sur ses gardes. Katsuno s'enfonçait dans une agonie d'impatience et de crainte, tournant bientôt au désespoir sinistre.

Le programme touchait à sa fin : il ne restait plus que la cérémonie finale du *nanori* ou « déclaration des noms ». « Comment cela se déroule-t-il ? », se demanda Katsuno. Elle craignait que la cérémonie ne tînt une fois de plus Shichiroemon hors de sa portée. Devait-elle se précipiter à corps perdu sur la piste et le tuer là, au milieu de ses pairs ? Non, ce serait trop dangereux ; si elle échouait ses chances seraient réduites à néant. Pourtant, si elle laissait échapper cette occasion, il paraissait probable qu'elle n'en eût jamais d'autre. Elle devait se décider au plus vite.

Alors que Katsuno réfléchissait ainsi, la cérémonie du *nanori* commença. Les archers s'approchèrent de l'estrade tour à tour, saluèrent respectueusement le seigneur, déclarèrent leur nom, puis s'éloignèrent lentement. Elle prit une décision rapide et se prépara à l'action.

On était maintenant vers le milieu de l'après-midi. Les fleurs de cerisiers demeuraient immobiles sous le soleil, car il n'y avait plus assez d'air maintenant pour que leurs pétales délicats ne remuassent. Une certaine langueur s'était abattue sur la place et même les spectateurs commençaient à montrer des signes de fatigue. Seule Katsuno restait totalement en état d'alerte !

« Numéro 53 ! » À l'appel, Shichiroemon sauta sur son cheval, s'arrêtant un moment pour arranger le harnais. Katsuno jeta un rapide coup d'œil sur le samouraï : il chevauchait sous tout l'éclat du soleil et était magnifiquement vêtu d'un *kosode* blanc orné de rossignols perchés sur des pruniers. Avec son arc et ses flèches à la main, et monté sur ce cheval blanc comme neige, il offrait un spectacle galant ; son teint de bronze et ses moustaches touffues ajoutaient à son aspect sombre et belliqueux. Katsuno grinçait des dents.

Après avoir fait trois tours de piste, Shichiroemon tira sur les rênes de son cheval et le fit arrêter devant l'estrade. Puis, remontant lentement le long de la galerie, il s'inclina et proclama son nom d'une voix claire. Comme il était sur le point de se retirer, Katsuno saisit sa chance. Laissant glisser sa veste, elle fut sur la piste avant que quiconque ne puisse l'arrêter.

« Enfin nous nous retrouvons, Sakuma Shichiroemon ! Je suis la femme de Tsuda Hachiya, l'homme que vous avez lâchement assassiné. Goûtez à la froideur de ma vengeance ! »

À ces mots, elle plongea le *wakizashi* de toutes ses forces entre les côtes de Shichiroemon. Si soudaine fut l'attaque perpétrée avec la force du désespoir, que, tout homme fort qu'il était, Shichiroemon versa instantanément de sa selle au sol. Puis criant

« Hachiya est vengé ! », Katsuno porta un second coup qui s'avéra fatal.

Un pétale blanc flottait porté par la brise ; il se posa doucement sur le poignard ensanglanté. Pendant un long moment tous ceux qui avaient assisté à la scène restèrent sans voix, horrifiés.

Saito Dozo, qui admirait l'acte héroïque de Katsuno, souhaitait prémunir la jeune femme des conséquences de sa témérité, mais cela allait à l'encontre de son honneur de samouraï, et ce pour deux raisons. La première, parce qu'il avait refusé d'emblée de livrer Shichiroemon lorsque Nobuyuki le lui avait demandé ; la seconde, parce que c'était pour lui une humiliation qu'un guerrier sous sa protection ait été tué par une femme. Par conséquent, il ordonna le confinement de la coupable, enjoignant que celle-ci fût étroitement surveillée et gardée jour et nuit.

Maintenant qu'elle avait accompli cette vengeance longtemps désirée, et qu'elle en avait informé par dépêche le seigneur Nobuyuki, Katsuno attendait la sentence l'esprit en paix.

Un soir, alors qu'elle arrangeait des fleurs de glycines que lui avait apportées un des samouraïs assignés à sa garde, elle reçut la visite inattendue de Dame Saito.

« Avec quel goût vous avez arrangé ces fleurs,

Katsuno ! », s'exclama-t-elle. « Vous êtes-vous reposée ? »

La jeune fille sourit. « Oui, je vous remercie Madame. Ayant atteint mon objectif, je n'ai plus rien à désirer et je suis prête à rencontrer mon destin ».

« Vous êtes un modèle de féminité ! Comme je vous admire ! Il est insupportable qu'une femme si vertueuse doive endurer l'ignominie de la prison aussi longtemps. J'ai maintes fois imploré Mon Seigneur de vous libérer, mais sans succès ».

« Vous êtes trop bonne. Mais je n'entretiens aucun espoir quant à ma libération, et je suis prête à mourir ».

« Votre mort ne servirait à rien, et je m'oppose à ce que l'on vous sacrifie. Écoutez ! » Elle s'approcha et lui chuchota à l'oreille. « J'ai obtenu que l'on éloigne votre garde sous un prétexte quelconque ; ce soir, Katsuno, vous vous échapperez ».

« Madame, cela ne pourrait être ! Je suis tout à fait prête à mourir. Sans Hachiya ma vie a perdu son sens, et si Votre Seigneur venait à démêler cette intrigue, sa colère serait terrible. Que ne vous ferait-il pas subir ! »

« Demeurez sans craintes sur ce point. Il semble peu probable que Mon Seigneur soupçonne la main que j'aurai dans votre fuite. De toute façon, même dans le pire des cas, il ne me tuera pas. Ne pensez pas à moi, envolez-vous ! »

« Mais, Madame... »

« Oh, ce que vous êtes têtue ! Pourquoi renoncer à la vie ? Katsuno, moi votre maîtresse, je vous ordonne de vous évader cette nuit ! »

Voyant que Dame Saito n'acccpterait aucun refus, la jeune fille céda. Elles se mirent bientôt à discuter du plan.

« Lorsque vous serez en sécurité, Katsuno, que comptez-vous faire ? »

« Je deviendrai nonne et prierai Bouddha ma vie durant pour la paix de l'âme de mon défunt mari ».

« Résolution admirable, cependant stupide ! N'avez-vous pas d'amour pour vos parents, votre famille, votre foyer ? Ah, pardonnez-moi, vos parents et vos frères sont morts ? Je ne voulais pas vous blesser. Mais ne comprenez-vous pas que, dans ce cas, il vous est impossible de vous livrer à une vie de dévotion ? Qui transmettrait alors le nom de votre famille ? »

« Mais, Votre Seigneurie, je suis devenue la femme de Hachiya... »

« Vous vous êtes seulement fiancée ! Si vous l'aviez épousé vraiment, le cas serait différent. Un engagement n'est rien et d'ailleurs aucune femme n'aurait jugé nécessaire de venger sa mort. Cet acte héroïque a démontré votre fidélité, et votre dévouement passera à la postérité comme un modèle pour toutes les femmes, à admirer et à imiter. Or maintenant, d'autres devoirs vous attendent ».

« Que voulez-vous que je fasse, Madame ? »

« Il faut vous marier ».

« Un second mariage ? »

« Non, un premier. Vous n'avez jamais été mariée à Hachiya ; qui pourrait vous blâmer ou vous qualifier d'infidèle si vous épousiez un autre homme ? Même Hachiya, dans le monde des esprits, approuverait ».

Katsuno en convenait. Selon les mœurs dans lesquelles elle avait été élevée, il était de son devoir en effet de ne pas laisser s'éteindre son nom de famille.

« Vous avez raison », concéda-t-elle enfin. « Si je puis m'échapper, je ne refuserai pas ce mariage ». Mais elle soupira, car son cœur restait à Hachiya.

« J'étais sûre que vous m'entendriez. Et maintenant, écoutez ce que j'ai à dire. Osuga Katsutaka de la province de Mikawa, un proche parent et vassal du Seigneur Tokugawa, est à la recherche d'une épouse. Il n'a que vingt-sept ans, mais il se distingue par son érudition, sa bravoure et ses faits d'arme. Il est promis à un grand avenir. Par ailleurs, chose qui compte pour une femme avant toute chose, c'est un très bel homme ! L'épouseriez-vous ? Je me suis déjà entretenue avec lui à votre sujet et il semble impatient de s'unir à vous. Ne rejetez pas une telle offre ».

Katsuno se tint coite, en partie à cause de sa modestie, et en partie parce que la question était trop importante pour qu'elle y répondît sans réfléchir.

« Pourquoi ne répondez-vous pas ? Objecteriez-vous ? Je vous assure qu'Osuga représente tout ce qu'il peut y avoir de désirable chez un homme. Vous ne regretterez pas cette union : il est si brave et si bien éduqué ! Et, plus important encore dans votre cas, si vous donnez naissance à deux ou trois enfants de lui, vous pourrez très certainement adopter l'un d'entre eux pour succéder à la tête de la maison de votre père et perpétuer ainsi son nom ».

« Je vous suis profondément reconnaissante, Madame. Je suivrai donc vos conseils. Votre sagesse surpasse de loin la mienne, et vous entendez donc très certainement ce qu'il convient de faire ».

« Alors vous acceptez ? Vous êtes une bonne fille, Katsuno, et méritez d'être heureuse ; or je sais que vous le serez avec Osuga. Mais il se fait tard et il est temps pour vous de vous en aller. Un palanquin attend avec dix forts laquais pour vous escorter à la résidence d'Osuga. Notre séparation m'attriste, mais elle est inévitable. Au revoir ».

Dame Saito remit à Katsuno une lettre adressée à Osuga Katsutaka et une bourse pour parer aux faux frais du voyage. La jeune fille accepta avec reconnaissance et fit ses adieux à sa maîtresse. Elle se faufila alors en direction de la poterne et s'enfuit du château sans encombres.

Osuga Katsutaka épousa Katsuno avec le consentement de son seigneur, Tokugawa Ieyasu. Ce dernier admirait l'acte héroïque de la jeune femme et promit de lui accorder sa protection.

En apprenant cela, le frère de Shichiroemon, Gemba Morimasa, guerrier célèbre que l'on surnommait « Gemba le Tigre », serra les dents de colère et de mortification. Il demanda audience à son seigneur, Oda Nobunaga, et lui fit un compte rendu minutieux des événements, lui demandant de prendre immédiatement des mesures afin de soustraire Katsuno des mains de Ieyasu.

« Si rien n'est fait », conclut-il avec acharnement, « l'esprit de mon frère ne sera jamais en paix, et mes sentiments indignés ne m'autoriseront plus de repos. Vous devez intercéder, Monseigneur ».

« Calmez-vous, Morimasa ! Vous parlez déraisonnablement ».

« Qui m'en blâmerait ? Veuillez m'entendre ! Non seulement mon frère a été assassiné par une simple femme, mais de surcroît elle, mon ennemie mortelle, est rentrée sous la protection d'un puissant noble, de sorte qu'elle est devenue intouchable ! Si je laisse la question en suspens, ma réputation de guerrier sera éclaboussée. Si vous refusez d'intervenir, j'irai moi-même négocier avec le Seigneur Tokugawa. Cela au moins, me le permettriez-vous ? »

« Si l'affaire vous préoccupe tant... Je vais voir ce que je peux faire », concéda Nobunaga à contrecœur. Il envoya donc un samouraï demander à Ieyasu de lui livrer Katsuno.

Ieyasu accorda immédiatement audience au messager, mais après avoir écouté ce que ce dernier avait à dire, il répondit sans ambages : « Sachez que j'en suis fort désolé, mais je n'y puis consentir. Katsuno est une héroïne, une femme comme l'on en voit plus que rarement au Japon. Pour parler franchement, Shichiroemon s'est très mal comporté. Parce que Katsuno l'avait éconduit, et parce que Hachiya, à qui Katsuno était fiancée, était le favori de son seigneur, Shichiroemon, sous la pulsion d'une basse jalousie indigne d'un samouraï, ordonna

que l'on brûlât une maison et que l'on assassine...
À mon avis, et de celui de tous les hommes bien
pensants, Shichiroemon a mérité son sort. Ce ne fut
que justice. Que compte faire son frère pour expier
ses crimes ? Sa demande est absurde ! Pensez
à Katsuno ! Pour l'amour d'un homme à qui elle
n'était que fiancée, elle a, avec hardiesse, poignardé
un puissant guerrier au beau milieu d'un tournois.
Quel courage ! Rien d'étonnant que tout cela instille
un sentiment de honte chez certains ! Et cette
femme héroïque vient me demander protection et
m'honorer de sa confiance ! Vous imaginez-vous que
je l'abandonnerais incontinent ? Jamais ! Répondez
à votre maître que Ieyasu n'est pas homme à trahir
sa confiance, et qu'il refuse catégoriquement de
livrer cette femme courageuse à ses ennemis ».

Il n'y avait plus rien à dire. Le messager revint
vers son seigneur et transmit la réponse qu'il avait
reçu. Nobunaga admit que celle-ci était raisonnable,
et pas même le colérique Morimasa ne put nier sa
vérité. Mais ce dernier était d'une complexion têtue
et vindicative : il rumina ses griefs et complota
secrètement pour atteindre son but.

Par un beau jour d'automne, Katsuno se
promenait dans les jardins situés à l'arrière de sa
résidence, accompagnée d'une femme de chambre.
Katsuno avait la mine douce et belle, et d'elle

émanait ce bonheur tranquille que connaissent les jeunes épouses comblées.

Les appartements des vassaux se situaient à l'ouest du jardin. On pouvait entendre le nasillement des cordes d'arc accompagné du sifflement des flèches : les samouraïs s'adonnaient avec vigueur à la pratique du tir à l'arc. Un bosquet d'érables délimitait la propriété à l'est ; leurs feuilles rouges contrastaient profondément avec le vert sombre du paysage à l'arrière-plan. Au sud, le regard se perdait dans l'immensité des rizières, jusqu'aux grands pins noirs entourant l'enceinte du sanctuaire du village. Quelques oiseaux, voletant çà et là et gazouillant doucement, donnaient vie à la scène.

Debout près d'un étang, Katsuno jetait nonchalamment de la nourriture aux carpes qui s'étaient rassemblées à son appel, lorsque tout à coup la petite porte qui donnait accès au jardin s'ouvrit. Une vieille femme fit son entrée.

« Je suis heureuse de vous voir, Mademoiselle Katsuno... Ou devrais-je dire Madame Osuga ? », déclara l'inconnue en s'inclinant poliment.

« Madame O-Tora ! », s'écria Katsuno, surprise par cette visite impromptue. « Est-ce bien vous ? Je suis très heureuse de vous voir ; il y a longtemps que je n'ai eu ce plaisir. Comment avez-vous trouvé votre chemin jusqu'ici ? »

« Par un pur hasard », répondit la vieille en souriant comme si elle était enchantée de cette réunion. « Comme je passais le long de cette voie je jetai un œil à travers la haie ; à mon grand étonnement, je vous aperçus dans le jardin. Quel heureux foyer vous semblez posséder ! J'envie votre chance ».

Katsuno, guère émue par ces propos mielleux, demanda sèchement : « Pourquoi vous trouvez-vous dans la région ? Emménageriez-vous ici ? »

« C'est une longue histoire », déclara O-Tora, curieusement agitée. « Je ne puis vous en faire le récit aujourd'hui car je n'ai pas le loisir de m'arrêter plus longtemps ; mais je reviendrai bientôt vous conter tout ça. Maintenant, je dois vous dire au revoir ».

« Où demeurez-vous ? »

« Non loin de là... Mais je reviendrai bientôt... Au revoir ! » Et elle se sauva.

Katsuno ne savait que penser...

Tout à coup, une flèche tirée depuis le bosquet d'érables, fendit l'air immobile ! Frôlant l'*obi*[24] de Katsuno, elle finit sa course à travers un *shōji* dans la chambre d'un vassal. Une seconde flèche émit un sifflement aigu. Sauvée par ses réflexes, Katsuno se jeta immédiatement au sol, mais sa servante, trop effrayée pour bouger, rencontra un funeste destin...

Plusieurs jeunes samouraïs firent irruption en lançant des cris.

« Le coupable se cache derrière les érables ! », avertit Katsuno. « Ne le laissez pas s'échapper ; vite, vite ! »

Le sabre nu à la main, les samouraïs se ruèrent vers le bosquet, arrachant et éparpillant les feuilles couleur de sang sur leur passage.

----

24. Large ceinture de kimono

On appréhenda rapidement deux suspects. Après un interrogatoire serré, les hommes avouèrent qu'ils étaient des espions, et qu'ils avaient été envoyés par Gemba Morimasa dans le but d'assassiner Katsuno, en utilisant O-Tora comme leurre.

Comme les samouraïs ignoraient alors tout des mauvaises intentions d'O-Tora, ils ne l'avaient pas arrêtée. Il eût été pourtant facile de la confondre, car la vieille dans son égarement mêlé d'effroi s'était mise à courir de façon erratique aux abords de la propriété dès que la chasse avait été donnée.

Ieyasu, dans une juste colère, fit décapiter les espions, et leurs têtes furent exposées devant l'une des portes du château accompagnées d'un avis rédigé de la sorte :

Ces scélérats, après un interrogatoire rigoureux, ont avoué qu'à l'instigation de Sakuma Gemba Morimasa, puissant vassal d'Oda Nobunaga, ils étaient venus déguisés jusque dans notre cité avec l'intention d'assassiner. Toutefois, il n'est pas exclu qu'ils n'aient été que des voleurs ordinaires et qu'ils aient inventé cette histoire afin de dissimuler leur vile entreprise. C'est pourquoi nous les avons jugés comme des voleurs, et exposons leur tête en conséquence.

Apprenant l'échec de son plan, Morimasa entra dans une rage terrible. Nobunaga quant à lui ne pouvait permettre que la question restât en suspens. Il envoya un messager à Ieyasu pour protester, lequel revint avec la réponse suivante :

Si un samouraï du rang et de la position honorables de Gemba Morimasa avait eu réellement l'intention de prendre sa revanche sur un ennemi, il se serait déplacé en personne. Il n'aurait jamais confié une tâche si importante à de simples assassins anonymes ! Jamais il ne salirait son honneur de la sorte ! Cette affaire relevait d'un acte digne d'un paysan, d'un simple ouvrier, ou d'un rônin[25]. J'en ai donc conclu que ces hommes étaient des voleurs ordinaires et selon cette supposition j'ai ordonné que ce communiqué soit rédigé. Le Seigneur Oda serait-il d'un avis contraire ?

---

25. Samouraï vagabond, sans emploi.

Que pouvaient répliquer Nobunaga et Morimasa à cette réponse matoise ? Impossible d'avouer que ces hommes étaient effectivement à leur solde, et non pas les voleurs que Ieyasu faisait poliment semblant de croire. Ils étaient de nouveau mis en échec. Nobunaga, furieux, semblait déterminé à partir en guerre contre Ieyasu afin de laver son honneur.

Hélas, l'issue d'un tel conflit entre ces deux seigneurs ne faisait aucun doute : Ieyasu, avec sa petite armée, serait bien vite anéanti par son puissant rival. Katsuno était au désespoir. Elle se sentait responsable de la menace qui pesait sur le seigneur Tokugawa, puisqu'il avait refusé de l'extrader. Elle avait renoncé à la vie en perpétrant son acte de vengeance au château d'Inaba, et sans la miséricorde de Dame Saito elle serait morte depuis longtemps. Bien que son mari l'aimât avec dévouement et qu'elle ne se sentît pas malheureuse, elle n'avait aucune envie de vivre. Si elle mourait, les raisons de cette guerre désastreuse disparaîtraient avec elle... Par conséquent, elle mourrait.

Une lune d'argent inondait la terre d'une beauté calme. C'était une froide nuit d'hiver, silencieuse. Katsuno se glissa hors de son futon et avec son *kaiken* [26] se trancha la gorge, dans la fleur de sa féminité à l'âge de vingt-deux ans.

Elle laissa derrière elle quatre longues lettres adressées respectivement à Ieyasu, à son mari Katsutaka, à Dame Saito, et à son ancien seigneur

---

26. Dague.

Oda Nobuyuki. Elle y donnait les raisons de son acte irrémédiable, et remerciait à plusieurs reprises ses bienfaiteurs de leur gentillesse.

Le cadeau de mariage

« Vas-tu lâcher ? Lâche, je te dis ! ». Un jeune cavalier criait avec fureur, dressé sur ses étriers, et brandissait un fouet.

On était le neuvième jour du quatrième mois de la douzième année de Tenshō (1584). La bataille de Komaki, l'une des cinq plus grandes batailles de l'histoire du Japon, venait de se terminer, et la nouvelle s'était répandue qu'Ikeda Nobuteru, seigneur du château de Gifu dans la province de Mino, et son fils aîné étaient tous deux tombés au combat. Terumasa, le fils cadet, fou de douleur et de rage, avait sauté sur son cheval et était sur le point de plonger tête baissée dans les lignes adverses pour venger leur mort. Mais Dansuke, son fidèle serviteur, avait saisi la bride de sa monture afin d'empêcher le jeune samouraï (il avait à peine vingt ans) de se précipiter vers son sort.

Les remontrances de Dansuke et ses prières restèrent vaines : Terumasa était déterminé. Ce dernier fouetta son serviteur pour l'obliger à lâcher prise.

« Puisque vous ne voulez pas entendre raison, Monseigneur, il est vain pour moi de chercher à vous retenir. Chevauchez donc vers la gloire ; elle sera alimentée par tous ceux qui entendront parler de vos vaillants faits, amis comme ennemis. Je vous souhaite bon train. Permettez-moi de fesser votre monture pour qu'elle aille plus vite ».

À ces mots, le rusé serviteur frappa le cheval sur la croupe, mais vrilla en même temps la bride vers l'arrière avant de la relâcher. Comme possédé, l'animal se cabra puis s'élança, non pas vers les lignes ennemies comme le souhaitait son cavalier, mais dans la direction opposée.

« Le diable ! », s'écria Terumasa.

Il essaya de tirer sur les rênes, de faire demi-tour, mais en vain. Le cheval, doté de plus de raison que son maître, savait quel chemin menait au salut et entendait bien le suivre. Pourtant, sa cadence ralentit bientôt et Terumasa, exerçant toute sa force, réussit à l'arrêter. Lui tapotant doucement sur le cou et chuchotant des paroles apaisantes, Terumasa parvint enfin à tourner bride. Il semblait cette fois encore sur le point de mettre son plan inconsidéré à exécution, mais il fut de nouveau arrêté par Dansuke qui, arrivant tout essoufflé, saisit une seconde fois les rênes.

« Tu veux encore te frotter à moi, scélérat ? », cria Terumasa. « Lâche, lâche, je te dis, ou tu vas t'en repentir ! »

Levant son fouet encore et encore, il cingla violemment la tête et les épaules de son serviteur indocile. En rien intimidé, Dansuke tint bon comme un démon malgré le sang qui lui coulait le long des joues.

« Monseigneur, Monseigneur », haleta-t-il, « calmez-vous, je vous en prie, et réfléchissez quelques instants. À quoi servirait cet acte désespéré ? »

« Quoi, tu voudrais que je m'assoie tranquillement après cette double perte ? Tu voudrais que je me montre fils ingrat, et tout à la fois vassal infidèle ? Les vils mécréants pourraient tuer à leur guise et rester impunis ? Jamais ! Laisse-moi passer, je te dis ! »

« Non, non, Mon jeune Maître, vous ne passerez pas... Je ne vous laisserai pas chevaucher ainsi aveuglé par votre rage vers une mort certaine... Que peut un homme seul au milieu de tant d'autres ? Ne croyez pas que je ne puisse comprendre vos sentiments... Je les entends parfaitement... Mais, Monseigneur, quand vous aurez péri dans cette téméraire et courageuse tentative pour venger la mort de votre honoré père et celle de votre frère, qui, pensez-vous, restera pour perpétuer le nom de votre famille ? Que deviendra la noble maison des Ikeda ? Si vous suivez vos parents dans le Yomi de façon précipitée, pensez-vous que votre père en sera ravi ? Croyez-vous qu'il louera votre dévouement en disant : "Mon fils, vous avez bien fait de me suivre !" Ne demanderait-il pas plutôt : "Aux soins de qui avez-vous laissé l'honneur de notre famille ?" Votre piété filiale et fraternelle est tout à fait admirable, mais votre désir de vengeance ne doit pas vous aveugler ; des devoirs plus importants vous attendent. Vous devez à une longue lignée d'illustres ancêtres, la transmission d'un nom sans tache... Je ne dis pas qu'il vous faille renoncer à toute idée de vengeance, mais seulement que vous devriez attendre un moment plus propice. Il est indigne de vous-même de laisser prise à cette passion incontrôlée. Pensez aux responsabilités qui reposent sur vous, l'unique représentant de votre famille, désormais que Mon honoré Seigneur, votre père, et son fils ne sont plus. Le temps viendra où vous me remercierez d'avoir endigué cette rage passagère. Oh ! Mon jeune Maître, ne vous fâchez pas, mais écoutez plutôt les paroles de votre dévoué serviteur ».

Terumasa fulminait, s'impatientait et cherchait à se dégager à coups de pied et de poing. Mais Dansuke ne voulut pas lâcher prise et supplia ainsi son maître d'une voix posée, quoique saccadée par instant. Le visage sanglant et baigné de larmes du pauvre Dansuke finit toutefois par toucher Terumasa. Ne voyant pas d'autre voie possible, il renonça de mauvaise grâce à son projet et permit à son serviteur de conduire son cheval jusqu'à leur camp. Là, il reçut de nombreux témoignages de sympathie quant à la perte de ses parents. On convint à l'unanimité que Dansuke avait fait preuve de sagesse, et qu'il était encore trop tôt pour songer à se venger : Terumasa aurait perdu la vie à coup sûr, et sans pour autant prendre celle de ses ennemis.

C'est ainsi que le fidèle Dansuke sauva la vie de son jeune maître et préserva la noble lignée des Ikeda de l'extinction.

La paix régnait à nouveau. Un armistice avait

été signé entre Tokugawa Ieyasu et Toyotomi Hideyoshi [27] dont les Ikeda étaient les vassaux. Hideyoshi fut alors proclamé régent.

Les ennemis jurés d'hier étaient devenus les amis chaleureux d'aujourd'hui. Ieyasu, veuf depuis longtemps, demanda la main de la jeune sœur de Hideyoshi, et cette union fut agréée. Hideyoshi, de son côté, adopta l'un des fils de Ieyasu. Ainsi, comme dit le vieux dicton, "après la pluie, le sol durcit" : la paix et la bonne volonté s'étaient instaurées entre ces deux familles qui naguère demeuraient à couteaux tirés, au sens figuré comme dans la réalité la plus funeste.

Terumasa, sa passion une fois apaisée, commença à envisager les choses sous un jour nouveau : « Dans quel but son vénéré père a-t-il sacrifié sa vie ? Pour rien ! Non seulement lui, mais aussi mon frère aîné et son beau-frère ont péri lors un conflit inutile. Leur mort n'a servi aucune cause. Ils doivent sans doute grincer des dents dans le Yomi en contemplant l'inconséquence de tout cela... » Terumasa se remémora alors son coup de sang à la fin de la bataille et comment la dévotion de Dansuke l'avait sauvé de la fatalité qui avait englouti ses proches.

« Je me souviens maintenant ! Dansuke m'avait alors dit que le temps viendrait sûrement où je le remercierais d'avoir contenu mon imprudence. Oui, il avait raison. Ce moment est d'ailleurs venu, et plus tôt que Dansuke n'aurait su prévoir. C'est

---

27. Toyotomi Hideyoshi (1536 - 1598) est le deuxième des trois unificateurs du Japon après Oda Nobunaga, et avant Tokugawa Ieyasu.

un brave compagnon, ce Dansuke. Il me faut le récompenser ».

Alors Terumasa, en reconnaissance des services rendus en temps de guerre, promut son humble serviteur au rang de samouraï.

Dansuke était un homme d'esprit ; une fois le pied à l'étrier il gravit rapidement les échelons jusqu'à atteindre une importante position. Ban Daizen, comme on l'appelait désormais, avança étape par étape jusqu'au grade le plus élevé dans le service de son seigneur, et devint l'un des principaux conseillers du clan Bizen.

On raconte que sur la porte de la maison des Ban pend aujourd'hui encore une paire d'étriers rouillés. Ces étriers, dit-on, sont ceux avec lesquels le seigneur Terumasa frappa jadis Ban Daizen, l'ancêtre de la famille, alors nommé Dansuke, dans les circonstances relatées ci-dessus lors de la bataille à jamais mémorable de la colline de Komaki.

Bien que tout fût paisible entre les chefs des anciens partis belligérants, Terumasa entretenait un intense sentiment de haine à l'égard de Tokugawa Ieyasu. Il jura de ne jamais échanger de salutations avec celui qu'il jugeait indirectement lié à la mort de son père et de son frère aîné. Il était pourtant inévitable que les deux seigneurs dussent se croiser au palais du régent. Ieyasu était trop fin observateur pour ne pas avoir remarqué l'attitude rigide du jeune homme, et suffisamment psychologue pour deviner les passions de son esprit tourmenté. Or, Ieyasu n'était pas de mauvaise volonté et décida donc de se lier d'amitié avec le jeune samouraï. Quand il le rencontrait, le vieil homme s'inclinait avec courtoisie et ne tardait jamais à faire une remarque agréable sur le climat : « Seigneur Ikeda, quel beau jour ! » Ou bien encore : « Seigneur Ikeda, ce que le vent peut être froid aujourd'hui ! » Mais Terumasa restait aveugle et sourd à toutes ses ouvertures et pressait le pas, sans autre civilité qu'un regard farouche.

Huit années s'écoulèrent ainsi.

Le régent était bien conscient de la brouille qui persistait entre les deux seigneurs, et cela le troublait. Il réfléchit longuement à un plan visant à améliorer ces relations délétères.

« Cela me chagrine beaucoup », dit-il un jour à Ieyasu, « de voir que vous et Terumasa n'êtes pas en bons termes. Je serais heureux si vous faisiez la paix ».

«Votre Altesse », répondit Ieyasu, « c'est mon plus grand désir. L'animosité ne vient pas de moi, je vous assure. Il me reproche toujours ce qui s'est passé à la bataille de Komaki, et conçoit quelque idée de vengeance. Je l'entends à ses manières ; mais que puis-je y faire ? »

« Si vous le permettez, mon ami, je me charge de cette affaire pour vous... Vous avez plusieurs filles qui sont, à ce que l'on dit, des plus agréables à contempler... Que diriez-vous de donner l'une d'elles en mariage à Terumasa. Sa femme est décédée il y a peu, et il lui reste un garçon en bas âge. Auriez-vous une objection à cette alliance ? »

« Pas du tout, Votre Altesse, mais êtes-vous sûr ? Pensez-vous que Terumasa orra une telle proposition ? Je connais bien son caractère, je n'obtiendrai de lui qu'un refus méprisant ».

« Allons bon ! Ne vous inquiétez pas. Je vais agir avec circonspection, et je ne pense pas me tromper en affirmant que tout va s'arranger comme nous le désirons. Me laisserez-vous gérer la question à ma discrétion ? »

« Entièrement, Votre Altesse ; et si vous réussissez, soyez assuré de ma reconnaissance la plus sincère ».

Peu de temps après, Hideyoshi convoqua Terumasa : « Mon jeune ami, j'ai entendu dire que vous aviez toujours sur le cœur la triste mort de votre père et de votre frère lors de la bataille de Komaki, et que par conséquent vous refusiez de vous lier d'amitié avec le Seigneur Tokugawa. Tout cette affaire fut bien sûr lamentable, mais c'est cela le sort de la guerre. Tenir rancune si longtemps contre un innocent est déraisonnable. La bataille de Komaki opposait les Tokugawa et les Toyotomi, ce n'était pas un conflit privé entre les Tokugawa et les Ikeda. Nous sommes désormais en paix, et il n'est pas convenable qu'un samouraï éprouve un sentiment de vengeance à l'égard d'éventuels amis car il a suffisamment de vrais ennemis à combattre. Je vous demande donc, et voyez-le comme une faveur personnelle faite à Votre Régent si vous ne trouvez aucune autre raison, de vous réconcilier avec Ieyasu et d'oublier le passé. Ou si mon souhait n'a aucun poids à vos yeux, au moins pour l'amour de l'Empereur et celui de votre terre natale, veuillez oublier ces mauvaises passions et réconciliez-vous ».

La plaidoirie bienveillante de son seigneur toucha le cœur obstiné de Terumasa.

« Votre Altesse », répondit-il avec sa franchise habituelle teintée d'impétuosité, « il en sera selon votre désir. À partir de cet instant, je dis donc adieu à toute idée de vengeance ».

« Votre prompte acceptation augure de votre sincérité », déclara l'auguste homme d'état, réjoui. « Je vous remercie, cher Terumasa, et je suis sûr que vous n'aurez pas à regretter votre magnanimité ».

Les deux hommes abordèrent ensuite différents sujets, mais comme Terumasa était sur le point de prendre congé, le régent fit mine d'avoir soudainement une idée.

« Terumasa », dit-il, « si je ne me trompe pas, vous êtes encore veuf et votre fils n'a personne pour prendre soin de lui. Ne serait-il pas temps de vous marier à nouveau ? ».

« Un jour, Votre Altesse. J'y songe, mais ne suis pas pressé ».

« Je viens juste de penser qu'il serait bon de sceller votre réconciliation avec Ieyasu en épousant une de ses filles. Comme cela, votre raccommodement paraîtrait plus officiel. Si vous me le permettez je lui en toucherai mot ».

Pour Terumasa cela allait trop loin. Toutefois, ne

voyant pas d'échappatoire, il donna son assentiment tout en espérant intérieurement que les négociations échoueraient. « Je laisse cela à votre discrétion, Votre Altesse », acquiesça-t-il. « Je suis prêt à faire tout ce que vous voudrez ».

« Adieu donc, Terumasa. Je vous informerai bientôt du succès de mon entreprise ».

Se félicitant du résultat de sa diplomatie, le régent ne perdit pas de temps et courut s'entretenir avec Ieyasu. Il fut convenu que Dame Toku, sa seconde fille, épouserait Terumasa. Ce dernier n'opposant aucune objection, les préparatifs des fiançailles débutèrent rapidement. Cependant, peu de temps avant la cérémonie, Terumasa se présenta devant Hideyoshi avec une requête.

« Maintenant que les choses ont ainsi évolué, et ce grâce à l'aimable médiation de Votre Altesse, il est bien sûr une question sur laquelle il ne pourrait y avoir deux opinions : mes vassaux deviennent ceux de Tokugawa, et ceux de Tokugawa deviennent miens. En un mot, nous sommes réconciliés et devenus une famille. Toutefois, ceci doit être clairement entendu : tout le monde sait que c'est un vassal du Seigneur Tokugawa, un homme répondant au nom de Nagai Naokatsu, qui tua mon père lors de la bataille de Komaki. Je ne pourrai jamais ressentir envers cette personne autre chose que de l'hostilité. Je le répète, cela doit être parfaitement compris ».

Le régent resta un moment ébaubi. Il ne pouvait condamner les sentiments de Terumasa sur cette question : le jeune samouraï ne serait que trop heureux d'en faire un prétexte pour se désengager, et la situation régresserait à son état initial. Par conséquent, il n'eut d'autre solution que de faire bonne figure et répondre cordialement : « Nous nous entendons parfaitement, mon cher Terumasa. Bien sûr, vous êtes libre d'apprécier ou non qui vous voulez ».

Terumasa se fiança donc avec Dame Toku et il fut convenu que le mariage aurait lieu très prochainement.

Vers la fin du deuxième mois de l'année suivante, Ieyasu dut rentrer à Edo pour affaire privée. La guerre avec la Corée était alors à son apogée et les plus hautes autorités militaires siégeaient depuis plusieurs mois en conclaves ininterrompus dans le quartier général du régent à Nagoya. La présence de Ieyasu dans son fief marquait la première occasion favorable de célébrer les noces de sa fille, et il fut décidé que Terumasa suivrait son futur beau-père au château d'Edo dès que possible. Les pensées de Ieyasu, alors qu'il attendait son ancien ennemi, n'étaient guère joyeuses pour un jour de noces. Son air soucieux creusait de sillons son large front : Hideyoshi lui avait fait part des propos du futur marié à l'encontre de l'homme qui avait tué ses parents, et Ieyasu redoutait ce que ces mots pouvaient présager. Il se demanda si Terumasa n'irait pas jusqu'à exiger la tête de Nagai Naokatsu comme cadeau de mariage...

« Prenez grand soin de Sa Seigneurie, avec le plus grand respect et les honneurs qui lui sont dues », commanda-t-il aux quatre conseillers qui devaient accueillir le futur marié. « Le Seigneur Ikeda entretient une profonde animosité envers le pauvre Nagai Naokatsu. Attention à ne jamais mentionner son nom : ainsi, il l'oubliera peut-être ».

« Vous pouvez compter sur notre vigilance, Monseigneur », répondit l'un d'eux.

« Nous ferons tout ce qui est en notre pouvoir pour divertir le Seigneur Ikeda et détourner ses pensées de ce sujet sensible. D'ailleurs, pour plus de précaution, nous avertirons Nagai de se tenir à l'écart. Ne vous inquiétez pas, Monseigneur, nous prendrons toutes les dispositions nécessaires ».

« C'est bien, je compte sur votre fidélité ».

Terumasa arriva au château à l'heure convenue. Les quatre conseillers le reçurent avec la plus grande courtoisie et, l'introduisant dans une chambre d'ami spacieuse, l'escortèrent jusqu'à la place d'honneur. Ils reculèrent ensuite et se prosternèrent à plusieurs reprises, les deux mains sur les tatamis, tout en prononçant des formules de bienvenue.

« Seigneur Ikeda, nous nous réjouissons de vous voir sain et sauf après les dangers de votre long voyage. Veuillez accepter nos humbles félicitations quant à l'heureux événement qui vous amène ici. Nous prierons pour que la bonne fortune soit à jamais avec vous et votre épouse ».

« Je suis heureux de me retrouver sous ce toit, pour une si agréable mission », répondit Terumasa chaleureusement. « Il n'est pas utile que je me présente car vous savez qui je suis. Mon dessein était de ne plus jamais adresser la parole au Seigneur Tokugawa, mais grâce à la médiation bienveillante de Son Altesse le Régent, toute pensée hostile est désormais bannie. C'est pour sceller notre alliance que je suis venu ici épouser sa fille. Nos deux familles sont dorénavant unies, et vous devenez par conséquent mes vassaux tandis que les miens appartiennent entièrement au Seigneur Tokugawa. La vieille inimitié n'est plus. Nous repartons sur une base nouvelle, et meilleure. Je suis ravi de faire votre connaissance ».

« Monseigneur, nous sommes honorés par tant de faveurs. Permettez-nous de profiter de cette occasion pour nous recommander à vos bonnes grâces ».

« Puis-je vous demander vos noms ? »

« Que Votre Seigneurie nous excuse, nous avons fait preuve de négligence ! Moi qui vous parle, je suis Ii Naomasa ; à votre service ».

« Je suis Sakai Saemon, Votre Seigneurie ».

« Vraiment ? Je connais bien vos noms en vérité et me souviens de vous avoir aperçu de loin, lors de la bataille de Komaki. Oui c'est bien cela ; vous avez combattu vaillamment ».

« Votre Seigneurie nous flatte. Nous ne méritons tel éloge ».

« Et qui êtes-vous, mon ami ? »

« Votre Seigneurie, je me nomme Nakatsukasa Tadakatsu, connu anciennement sous le nom de Honda Heihachiro ».

« Je sais, je sais ! C'était par un matin brumeux !
Je vous ai vu combattre courageusement près de la
rivière qui coule à proximité du temple Ryusen-ji,
à Kasugai. C'est bien cela ; vous aussi, vous vous
comportâtes à merveille ».

« Ma foi, cet éloge n'est pas mérité ; je ne suis
qu'un simple soldat ».

« Quant à vous, puis-je vous demander votre
nom également ? »

« Sakakibara Yasumasa, Monseigneur ».

« Contemplerais-je le visage du célèbre
Sakakibara ? Sakakibara, qui lui-même donna la
chasse au Seigneur Hideyoshi alors qu'il était forcé
de se replier près de Hosonigaki ? Votre témérité
en cette occasion est toujours vivement appréciée
par Son Altesse. Il admit même, un soir où il était
d'humeur bavarde, qu'il n'avait jamais été aussi
effrayé de sa vie ! Ha, ha, ha ! Vous êtes un homme
d'un grand courage ».

« Le passé est ma foi passé et oublié,
Monseigneur. Je suis maintenant l'un des serviteurs
les plus fidèles de Son Altesse le Régent. Nous, dont
le métier est celui des armes, combattons et faisons
la paix comme le dieu de la guerre jette ses dés. Le
choix est un luxe qui nous est inconnu ».

« Braves samouraïs qui tous avez pris part à la
bataille de Komaki, quelle émotion ! Mes pensées
sont tournées vers ce passé et... À propos j'y pense,
chers amis, répondriez-vous à ma question ? »

« À toutes celles que vous désirerez poser, Votre
Seigneurie ».

« J'ai entendu parler d'un certain Nagai

Naokatsu ; il combattit également à Komaki. Qu'est-il devenu ? »

Ce fut comme un coup de tonnerre !

Les quatre vétérans se regardèrent l'un l'autre avec effroi et consternation, incapables de parler. Terumasa voyant, et il faut bien l'avouer savourant, leur déconfiture, les pressa de répondre.

« Qu'est-il advenu de Nagai ? Où se trouve-t-il maintenant ? », répéta-t-il avec impatience. Autre échange de regards. Pas un seul des quatre n'osait prendre sur lui le fardeau de la réponse.

« Auriez-vous perdu l'ouïe tout à coup, Messieurs ? Je demande une dernière fois : qu'est-il advenu de Nagai ? »

Terumasa perdait patience.

« Je demande pardon à Votre Seigneurie », balbutia Sakai Saemon, derrière lequel les trois autres s'étaient peu à peu retranchés, comme pour le pousser vers l'avant afin qu'il remplît son rôle habituel de porte-parole. « Je crois qu'il est en bonne santé, et toujours au service de Notre Seigneur ».

« Toujours au service de Votre Seigneur ? J'en suis bien aise : c'est en effet pour voir ce Nagai, le meurtrier de mon père, que j'ai couvert tant de lieues jusqu'ici. Vous m'obligeriez si vous pouviez le conduire céans ».

« Monseigneur, permettez-moi de suggérer que vous l'envoyiez chercher à la fin de votre entrevue avec le Seigneur Tokugawa ».

« Je veux voir Nagai en premier. Si vous refusez, il ne me reste alors qu'à quitter Edo sans présenter mes hommages à Sa Seigneurie. J'ai dit ».

Terumasa allait sans nul doute mettre sa menace à exécution ; les conseillers devaient informer au plus vite leur maître de la situation, et laisser la question à son seul jugement. Sakai Saemon dit en s'inclinant : « Monseigneur, daignez attendre quelques minutes. Je vais satisfaire votre demande au plus vite ».

« Pas de tergiversations. Gardez-vous de vous jouer de moi ! »

Terumasa sourit tristement.

Les quatre conseillers se hâtèrent donc vers les appartements de leur seigneur. Celui-ci leva les yeux à leur entrée puis demanda jovialement : « Eh bien, il est arrivé ? »

« Oui, Votre Seigneurie ».

« Tout se passe bien ? »

« Non, Votre Seigneurie, nous craignons le pire ».

« Comment ! Que voulez-vous dire ? »

« Il souhaite confronter Nagai dans l'instant ».

« Ne vous avais-je pas averti... », commença Ieyasu, en colère ; mais il s'arrêta. Les bras croisés et la tête penchée sur sa poitrine, il se mit à réfléchir.

« Vous dites que le Seigneur Ikeda insiste pour voir Nagai Naokatsu tout de suite ? »

« Oui, Votre Seigneurie »

« Alors laissez-le rencontrer Nagai. Le Seigneur Ikeda n'est pas un fou. Il est venu ici pour épouser ma fille. Il est peu probable, à moins qu'il ait perdu l'esprit, qu'il bouleverse nos plans et rejette la faveur du Régent, dans l'unique but de satisfaire une vieille rancune ».

« À en juger par ses paroles et ses manières, il

semble bien difficile de dire ce qu'il peut ou ne peut pas faire, Votre Seigneurie ».

« Baaah... »

« Si, une fois devant Nagai, il met la main au *tsuka*[28], nous ne serons pas en mesure de l'arrêter. Et s'il demande la tête de Nagai pour cadeau de mariage, comment pourrons-nous refuser ? »

« Vous l'en pensez capable ? »

« Rien de plus probable, Votre Seigneurie ».

« C'est ce que je craignais... Laissez-moi réfléchir un instant ».

Ieyasu se tut, perplexe, les sourcils froncés. Puis, comme si la solution venait de jaillir soudainement de son esprit, ses yeux se mirent à briller. Enfin, il déclara posément : « Escortez Nagai Naokatsu devant le Seigneur Ikeda, et si celui-ci réclame sa tête comme cadeau de mariage, vous lui la refuserez. Ce sont mes ordres ».

« Votre Seigneurie, il est facile d'obéir mais si nous agissons de la sorte, le mariage sera annulé et vous vous attirerez le courroux de Son Altesse le Régent. Oseriez-vous courir un tel risque ? »

« Pas d'inquiétude, faites seulement ce que je vous dis. Si le Seigneur Ikeda demande la tête de Nagai comme cadeau de mariage, vous lui rappellerez que la bataille de Komaki opposait les Tokugawa aux Toyotomi. Les Ikeda n'ont pas à en faire une affaire privée. Nagai servit son chef et tua le général Ikeda Nobuteru au hasard de la guerre. Ce ne fut que mauvaise fortune lors d'une bataille loyale. Nagai n'a fait que son devoir. Si Terumasa conserve

---

28. La poignée du sabre.

de l'animosité en raison de la mort de ses parents, celle-là doit être dirigée contre moi et non contre Nagai, qui ne faisait que se battre sous mes ordres. Par conséquent, dites-lui qu'il a ma bénédiction pour assouvir sa vengeance sur ma fille, Dame Toku, son épouse. Qu'il la découpe en lamelles, si tel est son bon plaisir, je ne m'interposerai pas. Faites-lui toutefois bien comprendre que Ieyasu ne sacrifie jamais un vassal loyal pour quelle que raison que ce soit ».

« Monseigneur, vos paroles nous impressionnent profondément. Nous y retournons et réglerons cette affaire à la satisfaction de tous les partis ! »

Nagai Naokatsu fut convoqué. Les quatre conseillers l'informèrent de la situation et lui demandèrent de rester sur ses gardes, prêt à esquiver si la main du jeune seigneur venait à se déplacer vers la poignée de son sabre. Puis, ils se dirigèrent vers la chambre d'ami où Terumasa s'impatientait. Ce fut au tour de Sakakibara Yasumasa de parler le premier.

« Monseigneur, veuillez nous excuser de ce retard », commença-t-il.

« M'avez-vous amené Nagai ? Où est-il ? », l'interrompit Terumasa.

« Monseigneur, il attend à l'extérieur ».

« C'est bien. Introduisez-le immédiatement ».

« Oui, Monseigneur ».

Les panneaux coulissants s'écartèrent. Là, dans l'antichambre, à distance très respectueuse et de surcroît calculée pour faciliter une évasion le cas échéant, attendait assis Nagai, la tête inclinée.

« Êtes-vous Nagai ? »

« Oui, Votre Seigneurie »

« Approchez-vous, Nagai ».

« Monseigneur, je ne suis pas digne d'approcher une auguste personne de votre rang ».

« Assez, les excuses ! Venez ici, je vous dis ».

« Monseigneur, je ne puis m'aventurer si près ».

« Vous poussez ma patience à bout ! »

Terumasa se leva précipitamment et traversa l'espace qui le séparait de Nagai. La sueur se mit à perler au front des quatre hommes qui assistaient à la scène ; ils tremblaient à la supputation de ce qui allait suivre.

« Pourquoi ne venez-vous pas quand je vous appelle ? », tonna Terumasa, saisissant le samouraï par les poignets puis le traînant sur le sol. « Je vais vous apprendre l'obéissance ! » Terumasa était un homme imposant, doté d'une grande force. Nagai ressemblait à un moineau dans les serres d'un aigle, entièrement à sa merci. Sans avoir eu le temps de penser, ni encore moins de se débattre, il se retrouva posé devant le coussin sur lequel Terumasa attendait depuis son arrivée. Le seigneur en colère s'y rassit d'ailleurs.

« Regardez-moi, Monsieur ! », commanda Terumasa.

« Monseigneur », dit le misérable effrayé, « je ne puis ».

« Regardez-moi ! Vous n'étiez pas si lâche lorsque vous tuâtes mon père Nobuteru de sang-froid, le neuvième jour du quatrième mois de la douzième année de Tenshō ».

« Raison de plus pour reculer devant Votre Seigneurie ».

« Vous êtes un homme des plus obstinés ! Pourquoi ne faites-vous jamais ce que j'ordonne ? »

Terumasa s'empara du malheureux par le col, vrilla son visage vers le haut puis l'observa un moment avec insistance, puis complaisance. « Et bien, Nagai Naokatsu, j'ai en vérité beaucoup de satisfaction à vous regarder. On m'avait rapporté que, de tous les hommes au service du Seigneur Tokugawa, vous aviez la plus belle apparence. Mon interlocuteur disait vrai : vous êtes sans conteste un fort bel homme, bien qu'à l'heure actuelle, vous ne sembliez pas au mieux... C'est un soulagement de savoir que mon père trouva la mort des mains d'un guerrier à si fière allure. Il s'en alla sans doute avec enthousiasme vers le monde des esprits. Adieu, Nagai ! »

Naokatsu se sut perdu. Loin d'être un lâche en temps ordinaire, il semblait à cet instant fasciné par la roideur de la posture de Terumasa et intimidé par ses propos. Les quatre conseillers se levèrent pour intervenir, tant ils crurent que le sort du samouraï était scellé pour de bon. Maintenant son emprise sur le col du vêtement de sa victime, Terumasa continuait à regarder Nagai pensivement. Puis se tournant vers les autres, il demanda brusquement : « Quels émoluments annuels reçoit cet homme à l'heure actuelle ? »

« Environ mille *koku* de son fief près de Kawagoe ».

« Et combien recevait-il à l'époque de la bataille

de Komaki ? »

« Deux cents *koku*, Votre Seigneurie ».

Terumasa repoussa l'homme et frappa ses genoux de ses deux mains ; des larmes de mortification mouillaient ses yeux.

« Puis-je en croire mes oreilles ? Au moment de la bataille, son salaire était de deux cents *koku*, aujourd'hui après dix années ou presque, il en gagne seulement mille, et qui plus est récoltés dans un patelin comme Kawagoe. Ah, quel vaurien ce doit être ! Quand je pense que mon vénéré père périt de la main d'un samouraï insignifiant ! C'est trop humiliant. Père, je crains que vous ne puissiez jamais vous pardonner une fin si honteuse. Vous allez vous lamenter éternellement sur votre malencontreux sort dans le pays des ombres. Moi Terumasa, votre fils, compatis du fond du cœur ! »

Son émotion était si réelle que des pleurs coulaient sur ses joues sombres. Il semblait même avoir oublié que des témoins assistaient à ce moment de faiblesse inhabituel. Il retrouva cependant son sang-froid, et se tournant vers les hommes de Ieyasu : « Messieurs, je vous l'ai avoué auparavant, mon but principal en venant à Edo était de voir le visage de cet homme, le meurtrier de mon père. Je l'ai vu, et je ne suis pas déçu. Toutefois, je vous prie de bien vouloir soumettre cette requête à mon futur beau-père. Cela concerne Nagai Naokatsu. Si, selon la coutume, Sa Seigneurie a l'intention de m'offrir un cadeau de mariage... »

Enfin, nous y étions ! Les quatre conseillers ne purent retenir un frisson, et le visage de Nagai devint livide. Ce fut Ii Naomasa qui le premier retrouva la parole.

« Monseigneur », balbutia-t-il, « ce que vous dites est raisonnable et nous nous y attendions. Mais pourquoi ne pas tirer un trait sur cette affaire ? La bataille de Komaki eut lieu il y a près de dix ans et il est maintenant trop tard pour remuer les vieilles rancunes. De plus, aujourd'hui est un jour béni par le dieu de la paix, un jour où deux nobles familles vont être réunies. Ne ternissez pas une telle félicité par un acte de vengeance et de sang. Je supplie Votre Seigneurie de reconsidérer vos paroles et de laisser la vie à Nagai ! »

« Monseigneur, nous nous unissons pour humblement plaider miséricorde envers ce malheureux ! », reprirent en chœur les trois autres, tous s'inclinant jusqu'au sol devant Terumasa.

« De quoi diable parlez-vous ? », s'étonna Terumasa de mauvaise humeur. « Qui a dit que je voulais la vie de Nagai ? Rien n'est plus éloigné de mes pensées. Ce que je souhaite demander au Seigneur Tokugawa, c'est qu'il use de son influence auprès de Son Altesse le Régent, afin que Nagai soit nommé daimyo dès que possible, avec un revenu annuel de, disons... Dix mille *koku* ! ».

L'incrédulité se lisait sur le visage des cinq hommes, le soulagement aussi. Ieyasu qui avait tout entendu, caché derrière un panneau coulissant, écarta celui-ci et accourut dans la chambre. Joignant les mains de Terumasa aux siennes, il les porta à son front puis donna libre cours à ses sentiments : « Terumasa, vous avez agi avec noblesse ! Je suis indigne d'un gendre si magnanime. Tout ce que je puis dire, c'est que je ferai tout ce qui est en mon pouvoir afin qu'aboutisse votre chevaleresque requête ».

Le mariage célébré, Terumasa retourna avec son épouse à Nagoya, suivi peu de temps après par Ieyasu. Ce dernier raconta toute l'histoire au régent. Hideyoshi frappa sa cuisse en signe d'approbation.

« Terumasa est un vrai samouraï », dit-il. « Rassurez-vous, sa requête sera examinée dans l'heure ».

C'est ainsi que Nagai Naokatsu, samouraï de rang inférieur originaire de la région de Kawagoe, et au revenu de mille *koku*, fut élevé à la dignité de daimyo et reçut dès lors dix mille *koku* de riz chaque année. Tout cela pour que la postérité ne dise pas que le général Ikeda Nobuteru était tombé sous les coups d'un samouraï sans nom !

L'héroïsme de Torii Katsutaka

Le château de Nagashino dans la province de Mikawa était en état de siège. La situation semblait désespérée.

Okudaira Sadayoshi, le gouverneur du château, était absent, parti en voyage pour quelque affaire d'importance. Son fils, Sadamasa, le remplaçait et commandait la petite garnison forte d'à peine huit cents hommes. Ces derniers se battaient avec le courage que l'on puise du désespoir.

Le château avait été attaqué à l'improviste et la garnison manquait désormais de munitions et de vivres. Il ne faudrait pas quinze jours avant que la mort par jeûne soit l'unique alternative à la reddition.

C'était à la fin du quatrième mois de la troisième année de Tenshō (1575). Takeda Katsuyori, seigneur de Kai, ayant appris que son ennemi Sadayoshi devait s'absenter, jugea l'occasion inespérée et décida d'attaquer le fief de ce dernier. Ainsi à la tête de vingt-huit mille hommes, il s'abattit sans préavis sur ses terres et encercla son château. Il établit son quartier général sur une colline en face de l'entrée principale puis fit pression de tous côtés, agressant la place forte jour et nuit au pied de ses remparts. Il fallait que le château tombât entre ses mains au plus vite, car le suzerain de Sadayoshi, Tokugawa Ieyasu, ou le puissant allié de ce dernier, Oda Nobunaga, ne tarderaient pas à venir prêter main forte à la garnison.

Après deux semaines d'hostilités, trois cents assiégés avaient été tués ou grièvement blessés. Les combats faisaient rage et il ne restait désormais que pour deux jours de vivres tout au plus.

Sachant la situation désespérée, Sadamasa convoqua tous ses hommes et s'adressa à eux avec courage et détermination : « Mes amis, je ne pourrai jamais louer suffisamment votre bravoure et votre dévouement, et pour cela je vous suis reconnaissant. Mais le sort est contre nous et nous devons capituler. Les réserves de munitions sont presque épuisées et il ne reste que pour deux jours de vivres. Demander de l'aide me semble impossible, car l'ennemi garde étroitement chaque sortie. Je vais envoyer un émissaire à Takeda et demander que vous puissiez tous vous rendre sans être inquiétés. Quant à moi, il ne me restera plus qu'à faire *seppuku* [29]. Vos cœurs vous commandent certainement de vous battre jusqu'à la fin plutôt que d'abandonner le château... Mais quelle utilité y aurait-il donc à sacrifier vos vies ? Cela ne secourrait ni moi, ni personne. C'est mon souhait que vous surviviez tous afin de rejoindre mon père et vous battre de nouveau à ses côtés. Il reste peut-être une chance, dans un futur proche, de reprendre ce château que nous sommes maintenant forcés par des circonstances tout à fait imprévues de céder. Il n'y a rien d'autre à faire. Sauvez-vous et laissez-moi me préparer pour *seppuku* ».

Sadamasa avait terminé son discours, mais avant que le son de sa voix grave ne s'éteigne complètement, une autre voix vibrante venue de l'arrière répliqua : « *Seppuku*, Monseigneur ? Il est encore bien tôt pour évoquer une mesure si désespérée ! Avec votre permission, je vais me

---

29. Suicide rituel.

frayer un chemin à travers les lignes ennemies et demander du renfort avant qu'il ne soit trop tard ».

« Est-ce Katsutaka qui parle ? Mon cher, j'apprécie votre initiative, mais l'idée me paraît tout bonnement irréalisable. Comment un rat, et à fortiori un géant d'une toise comme vous, pourrait passer à travers les lignes ennemies sans être repéré ? En supposant qu'un tel miracle s'accomplisse, nulle armée ne pourrait nous rejoindre à temps et nous sauver de la faim. J'ai longuement réfléchi avant de parvenir à la conclusion que je viens de vous exposer. Votre projet est impossible ».

« Non, Monseigneur ». Katsutaka parla calmement, tel un homme qui a déjà pleinement mûri sa décision et qui sait ce qu'il lui reste à faire. « Comme vous le savez, je suis un bon nageur, et ma force n'est plus à prouver. Je vais traverser la rivière dans l'obscurité et rejoindre en toute hâte Son Excellence le Seigneur Tokugawa. Je lui ferai un compte-rendu de la situation et plaiderai l'envoi immédiat de troupes pour disperser nos assaillants. J'ai maintes fois examiné la question, je suis sûr de pouvoir le faire ».

« Courageusement échafaudé et tout aussi courageusement exposé, Katsutaka ! Et bien, à situation désespérée, mesures désespérées. Même si vous échouez dans votre entreprise nous ne serons pas en pire posture qu'avant. Allez, mon ami, et que la chance soit votre compagne de route ! »

Il fit une pause. L'émotion lui serrait la gorge, mais retrouvant sa voix, il reprit : « Si vous réussissiez votre évasion comme vous l'espérez, il est nécessaire que nous le sachions. Comment comptez-vous nous tenir informés ? »

« C'est facile, Monseigneur. Je gravirai le mont Funatsuki et vous enverrai des signaux de fumée. De là à Okazaki où le Seigneur Tokugawa est présentement en résidence, il y a environ douze lieues, peut-être un peu plus... Je serai à son château d'ici demain midi, et après avoir délivré mon message, je reviendrai sans délai ».

« Et comment nous signalerez-vous l'arrivée des renforts ? »

« À minuit après-demain, je serai de retour sur la colline et vous contacterai cette fois encore par le même truchement. Une colonne de fumée signifiera que les troupes de Son Excellence le Seigneur Tokugawa viennent seules, deux colonnes signifieront qu'elles sont accompagnées par celles du Seigneur Oda. Si vous voyez trois colonnes monter, cela voudra dire que l'armée de Son Excellence aura été ralliée par celle du Seigneur Oda et celle de son frère ».

« Pensez-vous pouvoir nous informer de l'état des troupes ? »

« Rien de plus facile, Monseigneur. Un tir d'arquebuse vous dira que dix mille soldats sont en route ; deux coups de feu, vingt mille, et ainsi de suite. Ne vous en faites pas, Monseigneur. Je suis sûr de réussir ».

« Le ciel vienne en aide à votre esprit héroïque, Katsutaka ! Quand pensez-vous passer à l'action ? »

« Avec votre permission, à la nuit tombée. Il n'y a pas de temps à perdre. Adieu ! »

« Attendez, mon ami. Je veux vous donner quelque chose avant que vous ne partiez. Prenez ceci ».

Katsutaka s'approcha ; son maître tenait dans ses mains une coûteuse boîte à encens et un sabre de très bonne qualité.

« Cet encens est un trésor de famille, il nous vient de notre ancêtre, le Prince Tomohira, septième fils de l'Empereur Murakami. Ce sabre est une autre hoirie : une lame célèbre forgée par Sadamune. Acceptez ces objets en reconnaissance de votre bravoure et de votre loyauté ».

Le soldat reçut les précieux cadeaux en s'inclinant avec respect.

« Votre Seigneurie est trop bonne envers son humble vassal. J'accepte votre générosité avec une profonde gratitude ».

« Restez encore un moment, Katsutaka. Nous nous devons de partager une coupe de saké en guise d'adieu ».

Deux coupes et une bouteille de saké furent apportées. Katsutaka exécuta ensuite une danse guerrière tout en interprétant un chant martial. Puis il s'excusa et s'attela aux préparatifs nécessaires à sa périlleuse entreprise, laissant l'assemblée, officiers et hommes de troupe, pleine d'admiration.

Vêtu d'un kimono léger et transportant sous le bras un petit paquet enveloppé dans du papier imperméabilisé à l'huile, Katsutaka s'avança dans le silence de la nuit par-dessus une poterne puis se glissa sur la berge de la rivière Iwashiro, qui coulait non loin des murs du château. La saison des pluies était déjà bien avancée et le courant paraissait plus gonflé, plus rapide, tourbillonnant avec fureur d'une rive à l'autre. Katsutaka se cacha parmi les roseaux sur le bord et observa. La lune resplendissait à la lisière d'un lourd amas de nuages ; on y voyait presque comme en plein jour. À sa grande consternation, le samouraï remarqua un réseau de cordes de différentes tailles, sur lesquelles étaient fixées d'innombrables clochettes et qui quadrillaient le cours d'eau. De surcroît, une ligne de sentinelles gardait la rive opposée. Si jamais quelque chose venait à déranger ces cordes, les clochettes tinteraient à coup sûr et les sentinelles sur le qui-vive accourraient avec des torches pour en découvrir la cause.

Katsutaka recula face cette difficulté inattendue. Comment traverser la rivière sans donner l'alerte ? Pour ajouter à son désarroi, il vit s'agiter nonchalamment dans la douce brise nocturne un *umajirushi* [30] et des bannières portant les armoiries qu'il identifia comme étant celles de Baba Nobufusa, le plus habile et expérimenté de tous les généraux de l'armée adverse.

« Je suis certainement sous l'influence d'une mauvaise étoile », gémit Katsutaka. « Avec Baba Nobufusa chargé de surveiller l'autre rive, difficile d'accoster... Mais je n'abandonnerai pas sans faire tout mon possible ; il doit exister un moyen d'échapper à leur vigilance ».

Il arracha un roseau et était sur le point de le jeter dans le courant quand il lui vint à l'esprit que si

---

30. L'étendard d'un daimyo.

les racines étaient enveloppées de terre, le sagace Nobufusa conclurait que quelqu'un se cachait dans les environs et ordonnerait à ses soldats d'entamer les recherches. Cela lui serait très certainement fatal. Il lava donc la boue autour du roseau et jeta ce dernier dans la rivière. Immédiatement, la branche s'empêtra dans le réseau de cordes et les clochettes se mirent à hurler « gling-gling, gling-gling ».

En un instant, deux sentinelles sautèrent à l'eau et tirèrent le roseau à terre. Celui-ci fut amené à Nobufusa, qui en examina soigneusement la racine à la lueur d'une torche.

« Ce roseau n'a rien de suspect », déclara le général. « C'est sans importance ».

Katsutaka, qui observait la scène attentivement depuis sa cachette, sentit son cœur se serrer. « Il semble bien vain d'espérer passer », se dit-il. Après un moment de découragement, il déracina une nouvelle fois un roseau et après en avoir nettoyé le limon comme précédemment, il le jeta dans le courant. Là encore, les clochettes tintèrent et des sentinelles se ruèrent dans l'eau pour vérifier.

« Un autre roseau, Monseigneur », dit un homme au général.

« Ces roseaux ont été arrachés de la berge lors de l'inondation », fit remarquer Nobufusa, une fois l'examen des racines terminé. « Ce n'est rien, mais néanmoins, ne relâchez pas votre vigilance ».

Katsutaka ramassa une branche morte qui avait été rejetée sur la berge, et la jeta sur les cordes, puis ce fut au tour d'une autre tige de roseau. Il continua ainsi à lancer tantôt une chose, tantôt une autre, faisant chanter les grelots sans cesse de sorte que les soldats de Nobufusa finirent par en ignorer le tintamarre, las de se précipiter dans la rivière à chaque alerte pour rien. Pourtant, Katsutaka ne pouvait se risquer à entrer dans le courant lui-même : les yeux attentifs des sentinelles continuaient à balayer la surface des eaux sombres.

Le temps passait... Que faire ? Katsutaka était au désespoir. Rentrer et avouer son échec au premier obstacle ? Insupportable ; impensable même !

C'est alors qu'il entendit un roulement de tambour : la garde allait être relevée. Les hommes de Nobufusa se retirèrent et ceux d'Atobe Oinosuke prirent leur place.

Katsutaka retrouva confiance. Oinosuke était connu pour sa subtilité, certes, mais il n'égalait pas Nobufusa en patience ni en stratégie. Katsutaka recommença à jeter des choses dans la rivière, mais les nouvelles sentinelles demeuraient sur le qui-vive et examinaient tout ce qui déclenchait le cliquetis des grelots. Le pauvre Katsutaka avait définitivement perdu tout espoir lorsque de lourds nuages commencèrent à obscurcir la lune. Il y eut au loin un grondement sourd : le tonnerre ! Puis, avec une rapidité effrayante, une tempête s'abattit sur la région. Le bruit était terrible : la pluie tombant à seaux dans les feuilles, le vent hurlant et les explosions du tonnerre transformaient la paisible nuit en un pandémonium effroyable.

Katsutaka ne craignait pas les éléments. Il comprit qu'il lui fallait saisir cette chance au plus vite. Il dansa et cria de joie, sachant qu'il ne pouvait être ni vu ni entendu, couvert à la fois par le tumulte et l'obscurité poisseuse. Mais pas de temps à perdre ! La tempête pouvait passer aussi vite qu'elle était venue. Il se dénuda et noua son paquet imperméable autour du cou. Puis, il se glissa dans les eaux troubles, tranchant sur son passage plusieurs cordes avec un *tantō* [31]. Les sentinelles sur la rive opposée entendirent les clochettes tinter. Des hommes furent sur le point de se jeter à l'eau, mais leur général les retint : « C'est inutile ! », déclara-t-il. « Les grelots sont certainement agités par des poissons qui descendent le cours de la rivière à cause de l'inondation. Personne de la garnison serait assez fou pour tenter de traverser par une telle tempête ; cela signifierait une mort instantanée. Soyez donc rassurés ».

« Vous dites vrai, Monseigneur », acquiesça un samouraï. « Cela ne peut venir que des poissons, en effet ».

Entraîné par le courant, Katsutaka se débattit jusqu'à la rive opposée et prit finalement pied à environ une demi lieue en aval de son point de départ. Il trouva cette berge également bien gardée, mais espérait que dans l'obscurité et le bruit ambiant, il passerait inaperçu. Il se fraya un chemin subrepticement, mais tout à coup son pied glissa sur le sol mouillé et il tomba dans un léger bruit.

« Qui va là ? »

Surpris, Katsutaka se releva instantanément et posa instinctivement la main sur la poignée de son *tantō*.

---

31. Poignard.

« Un de la patrouille, Monseigneur », s'empressa-
t-il de répondre.

« Est-ce tout ? Je vous plains, par ce temps.
Poursuivez ».

« Merci. Bonne nuit, Monseigneur ».

« Bonne nuit. Ne relâchez pas votre attention.
L'ennemi pourrait profiter de la tempête ».

« J'ouvrirai l'œil, Monseigneur ».

La première partie de son plan, et la plus difficile,
était donc accomplie.

Au moment où Katsutaka arriva au sommet de la
colline d'où il devait lancer son signal, la pluie avait
presque cessé et le grondement du tonnerre était à
peine audible, lointain. Comme il s'arrêtait pour
reprendre haleine il vit la lune briller à nouveau et
baigner le paysage d'une belle lueur argentée. Avec
le matériel contenu dans son petit paquet, il réussit
à aviver une petite flamme, confiant qu'elle serait
perçue par les guetteurs du château qui attendaient
de connaître le succès de son évasion.

Katsutaka se remit finalement en route et parvint,
sans autre péripétie ni coup férir, à la ville d'Okazaki
vers dix heures le lendemain matin.

Comme il approchait du château, il rencontra
un officier à cheval accompagné de plusieurs
fantassins. À sa grande joie, il reconnut son propre
chef, le seigneur Okudaira Sadayoshi. S'avançant et
saluant avec respect, il dit : « Je suis Torii Katsutaka,
Monseigneur, et j'ai été envoyé pour une mission de
la plus haute importance par votre honorable fils. Le
Seigneur Sadamasa est en ce moment même assiégé
dans le château de Nagashino ».

« Assiégé !? Mon fils aux abois !? Que signifie cette étrange nouvelle ? Suivez-moi, je retourne au château immédiatement ».

Sadayoshi tourna bride, et suivi de près par ses serviteurs et Katsutaka, galopa furieusement vers Okazaki. Il démonta dans la cour du château et exigea du messager un compte rendu détaillé de la situation. Ce qu'il entendit l'indigna au-delà de toute mesure.

« Voilà des nouvelles tout à fait inattendues et fort malvenues », dit-il. « Mon brave, votre acte audacieux est au-dessus de tout éloge. Je me suis arrêté ici sur le chemin du retour avec le Seigneur Tokugawa il y a deux jours seulement. J'avais l'intention d'y séjourner un peu ; mais il me faut rentrer immédiatement désormais. Attendez ici pendant que je vais en informer Son Excellence ; peut-être voudra-t-il d'ailleurs vous interroger lui-même ».

Peu de temps après, un serviteur conduisait Katsutaka devant le célèbre homme d'état.

« Torii Katsutaka », commença Ieyasu affable, « vous êtes un homme brave, et avez agi avec courage. Entretenez-moi de la situation au château de Nagashino. Vous avez la permission de m'adresser la parole directement ».

Humblement, avec les mots simples d'un simple soldat, Katsutaka fit un compte rendu détaillé des circonstances à l'intérieur et en-dehors du château au moment où il l'avait quitté.

« Si des renforts ne sont pas envoyés immédiatement, Votre Excellence », conclut-il,

« la garnison va mourir de faim. Je supplie Votre Excellence de ne point perdre de temps ».

« Les renforts se mettront en marche dès aujourd'hui », déclara Ieyasu. « Par un heureux hasard, les Seigneurs Oda stationnent dans cette province avec leurs armées en ce moment même. Ils seront en vue du château assiégé d'ici deux jours, trois tout au plus. Sans vous, nous n'aurions rien su jusqu'à ce qu'il soit trop tard. Vous êtes un héros. Maintenant, allez chercher nourriture et repos avant d'entreprendre votre voyage de retour ».

L'après-midi du même jour, Ieyasu, à la tête de vingt mille hommes, se rendit au château d'Ushikubo, où il fut rejoint par les deux Seigneurs Oda et leur armée combinée forte de cinquante mille hommes. Il fut convenu de marcher sur Nagashino tôt le lendemain matin.

Ieyasu reçut Katsutaka de nouveau : « Comme vous le voyez, nos armées atteindront Nagashino dans deux jours au plus tard. Soyez donc rassuré, nous arriverons à temps pour les sauver. Vous devez être très fatigué. Reposez-vous ici pendant quelques jours ».

« Votre Excellence est trop bonne, mais je ne puis abuser de votre gentillesse. Je dois repartir tout de suite et signifier à la garnison que ma mission a réussi et que l'aide arrive. Permettez-moi de prendre congé dès à présent ».

« D'après votre rapport, il vous sera tout à fait impossible de vous introduire dans le château de la façon dont vous en êtes sorti. Ne soyez pas téméraire, restez plutôt ici comme je vous le conseille ».

« Mille pardons, Votre Excellence », objecta Katsutaka respectueusement, mais fermement. « J'ai entrepris cette action au péril de ma vie, je dois la mener jusqu'au bout. C'est un honneur bien trop grand pour ma pauvre existence que d'avoir été autorisé à parler à Votre Excellence. Les félicitations reçues de vos augustes lèvres me vont également droit au cœur. La vie ne pouvait m'offrir grâce supérieure. Même si je suis capturé par l'ennemi et mis à mort d'une façon ignominieuse, je n'aurai rien à regretter. La garnison est affamée ; savoir que les renforts sont en route va leur redonner vaillance. Permettez-moi d'y aller, Votre Excellence ».

« Puisque tel est votre souhait », répondit Ieyasu, « je n'en dirai pas plus. Vous transmettrez cette missive à Sadamasa ».

« Ce serait dangereux, Votre Excellence. Si l'on retrouve la lettre sur ma personne, votre plan sera dévoilé et l'ennemi changera sa stratégie en conséquence ».

« En effet », déclara Ieyasu avec un sourire. « Vous êtes tout aussi sage que brave, mon cher Katsutaka ».

Finalement, Katsutaka fit ses adieux au seigneur Tokugawa et au seigneur Okudaira, puis passant une arquebuse en bandoulière, il prit le chemin d'un retour qui s'annonçait périlleux.

La garnison diminuée et affaiblie à l'intérieur du château assiégé attendait le signal qui leur annoncerait la venue des renforts. Encouragés par la première colonne de fumée qui les avait informés que Katsutaka, contrairement à toute attente, avait réussi à échapper aux sentinelles, ils gardaient l'espoir de voir bientôt ce même signal annonçant son retour. Les soldats se relayaient au sommet de la tour haute et usaient leurs yeux à regarder en direction de la colline d'où la fumée devait monter.

À minuit le deuxième jour, ils aperçurent la lumière d'un feu de camp sur le mont Funatsuki. Au bout d'un moment, trois colonnes de fumée noire s'élevèrent, contrastant avec le ciel illuminé par la pleine lune. Les renforts arrivaient ! Mais seraient-ils en nombre suffisant ? Combien de soldats étaient en chemin ? Bang ! Un bruit sec, puis un autre et encore un autre, jusqu'à ce que sept tirs d'arquebuse leur eussent donné la confirmation que soixante-dix mille hommes approchaient. La garnison affamée reprit courage, et oubliant sa détresse, attendit les renforts dans la joie.

Mais le bruit des coups de feu arriva également aux oreilles de l'ennemi. Une compagnie de garde au pied de la colline les entendit aussi, et un détachement monta aussitôt enquêter. Le général Naito Masatoyo lui-même prit la tête de la petite troupe. Inconscient du danger qui approchait à grands pas, Katsutaka, triomphant, dévalait joyeusement la pente quand il se retrouva encerclé par ceux là mêmes qu'il devait absolument éviter.

« Halte ! Qui êtes-vous ? », demanda le général.

L'esprit vif de Katsutaka ne fut pas pris en défaut : « Nous avons entendu des coups de feu, et sommes parti avec mes camarades pour savoir ce que cela signifiait. Nous avons cherché partout mais n'avons trouvé personne. Je descendais faire mon rapport ».

« Approchez-vous et laissez-moi voir votre visage. Qui est votre capitaine ? »

« J'appartiens à une compagnie d'arquebusiers, sous le commandement du Capitaine Anayama ».

« Votre nom ! »

« Mon nom ? Mon nom est ... »

« Soldats, saisissez-vous de lui ! »

Quatre ou cinq samouraïs bondirent, mais Katsutaka se débattit avec une telle vigueur qu'ils ne purent le retenir. Il se libéra, et s'enfuit vers la vallée. Cependant, d'autres soldats gravissaient le mont Funatsuki et Katsutaka dut rebrousser chemin. Il espérait leur échapper en passant à couvert sous des buissons. Malheureusement il fut repéré et se retrouva pris au piège. Assénant de lourds coups à dextre et à senestre, il se défendit vaillamment, mais vaincu par le nombre il fut finalement maîtrisé. On lui confisqua son arme et la remit au général. Ce dernier, l'examinant, remarqua une inscription peinte à la laque rouge :

Une des 3.000 arquebuses appartenant au château d'Okazaki.

La vérité éclatait enfin. L'ennemi devina aisément que l'homme qu'ils venaient de capturer s'était rendu à Okazaki pour demander du renfort. Il fut escorté devant le général Katsuyori, seigneur de Kai.

Dérangé pendant son sommeil, le général se leva et l'interrogea à la lumière imparfaite d'un lampion. Katsutaka, couvert de sang et usé par le voyage offrait un spectacle pitoyable. Pourtant, il y avait quelque chose dans l'attitude de cet homme qui provoquait un sentiment d'admiration pour son courage plutôt que de compassion pour son état de santé et la situation dans laquelle il se trouvait.

« Votre nom ? », demanda Katsuyori.

N'ayant plus de motif de le cacher, Katsutaka parla hardiment.

« Torii Katsutaka, vassal du Seigneur Okudaira Sadamasa, gouverneur du château de Nagashino ».

« Vous avez été à Okazaki demander des renforts, et avez tiré ces coups de feu au sommet du mont Funatsuki selon un plan préétabli ; n'est-ce pas ? »

« Je ne le nie pas, Votre Excellence ».

« C'était un projet périlleux. Vous devez me dire comment vous avez réussi à vous glisser à travers nos lignes. Je sais apprécier et récompenser la bravoure, et je voudrais vous compter parmi mes hommes. Si vous me rejoignez, je vous donnerai une rente annuelle de mille *koku* de riz. Si vous refusez, vous mourrez ».

Feignant d'apprécier l'offre, Katsutaka l'accepta avec une expression de profonde gratitude. Il pensait que ce faisant, il pourrait endormir la méfiance de ses ravisseurs et s'échapper, ou qu'il trouverait une autre façon d'aider les assiégés.

« Vous me faites trop d'honneur, Votre Excellence », répondit-il. « Je ne suis qu'un simple soldat mais je mettrai toute ma diligence à vous servir fidèlement ».

« Je suis heureux que vous ne montriez pas de

scrupules à déserter », dit le général, quelque peu surpris néanmoins par le prompt consentement de Katsutaka.

« Il y a quelque chose que je désire que vous fassiez, afin de prouver votre sincérité ».

Le général Katsuyori donna un ordre à son aide-de-camp à voix basse. Celui-ci se retira puis revint peu de temps après avec un papier calligraphié qu'il tendit à son chef. C'était une fausse missive de Sadayoshi à son fils, l'informant qu'à cause d'une soudaine insurrection, le seigneur Tokugawa n'était plus en mesure d'envoyer ses troupes secourir le château de Nagashino, et qu'il n'y avait plus rien à faire sinon que de capituler en négociant les meilleures conditions possibles. La lettre imitait habilement l'écriture de Sadayoshi, car elle avait été rédigée par un officier qui avait autrefois servi sous ses ordres et qui connaissait bien son style. Montrant le faux à Katsutaka avec fierté, Katsuyori dit : « Maintenant, mon serviteur, vous devez écrire une autre lettre pour confirmer les informations contenues dans celle-ci. Les deux lettres seront ensuite expédiées par-dessus les remparts. Quoi, vous hésitez ? »

Ne voyant d'autre solution que d'obéir, Katsutaka s'exécuta. Les deux missives furent ensuite fixées à une flèche puis tirées jusqu'au château par un archer. Nul ne pourrait décrire la consternation et la déception de la garnison. Plus amer semblait la nouvelle après la vague d'espoir qui l'avait précédée. Des hommes forts pleuraient.

Cependant, Okudaira Jiyemon, conseiller en

chef du seigneur, éclata de rire après avoir examiné attentivement les lettres.

« L'heure n'est guère à la joie, Jiyemon », sermonna Sadamasa, courroucé par cette gaieté intempestive. « Puis-je vous demander la nature de cette hilarité ? »

« Ha ha ha ! Je vous demande pardon, mais Katsuyori est un homme candide s'il imagine pouvoir nous duper si facilement. Ayez la bonté d'examiner ces documents : ce type de papier n'est pas fabriqué dans notre province, comme celui que Notre Seigneur utilise d'habitude, mais dans la leur. Cela suffit à les confondre. N'ayez crainte, les signaux de Katsutaka disent la vérité. Tout ceci n'est qu'une ruse pour nous faire capituler avant que les renforts n'arrivent ».

Tous comprirent alors que les lettres étaient contrefaites et chacun retrouva courage. Du sommet de la tour haute, Sadamasa cria afin que les sentinelles de l'autre côté puissent l'entendre : « Soldats de Kai, approchez ! J'ai quelque chose à vous communiquer quant aux missives. Demandez à un fonctionnaire de venir dans l'instant consigner ma réponse ».

Pensant que Sadamasa souhaitait énoncer les modalités de la reddition, Katsuyori sortit lui-même, entouré de sa suite.

« Veuillez accepter, je vous prie, mes sincères remerciements pour vos lettres fléchées », commença Sadamasa poliment. « C'est gentil de vous être chargé du message de mon père, je suis votre obligé dans cette affaire ». Puis tout à coup changeant de ton : « Pensiez-vous », tonna-t-il, « qu'une ruse si maladroite pouvait nous tromper et me décider à abandonner le fief de mes ancêtres ? Insensés ! Nous en rions encore ! Ha ha ha ! »

« Ha ha ha ! », rugit la garnison derrière lui, se délectant grandement de la mine déconfite des hommes sous les remparts.

Katsuyori était furieux.

« Allez, Katsutaka ! », hurla-t-il. « Allez au bord du fossé leur dire qu'aucun renfort n'arrive. Ils doivent se rendre ! »

Flanqué de deux soldats car il n'avait pas encore été officiellement libéré, Katsutaka s'avança au bord du fossé, et élevant la voix afin que chaque mot sonne clair et distinct : « Écoutez, Monseigneur et mes camarades. Ce que je vous dis maintenant est la vérité. Le Seigneur Tokugawa et les Seigneurs Oda se hâtent à votre secours à la tête d'une armée forte de soixante-dix mille hommes. Ils seront ici demain sans faute. Les lettres sont une imposture. Rassurez-vous ! »

Ce discours audacieux fut si inattendu que personne ne pensa à l'arrêter avant que le mal ne fût fait. Un cri de ralliement puissant fusa du château assiégé. Cependant, les soldats de l'armée ennemie, furieux, saisirent Katsutaka et avec une rage non contenue le rouèrent de coups puis le ligotèrent sans pitié. Sur les ordres de Katsuyori, ils le crucifièrent juste en face de la porte principale du château pour lequel il venait de donner sa vie.

Tôt le lendemain matin, les forces alliées surgirent et mirent en déroute l'armée de Kai. Le siège était terminé.

La lutte du daimyo

Le deuxième mois de la quinzième année de Tenshō (1587), Toyotomi Hideyoshi, qui avait placé la plus grande partie du Japon sous sa domination, traversa l'île de Kyushu avec son armée afin de renverser Shimazu Yoshihisa, un daimyo indépendant qui régissait huit des neuf provinces de l'île. Le mois suivant, Gamo Ujisato, célèbre général de l'armée de Hideyoshi, avança vers le château de Ganshaku dans la province de Buzen, et l'attaqua avec acharnement trois jours durant. La garnison offrit cependant une telle résistance que l'attaque fit faible impression. Il sembla alors peu probable que la forteresse tombât entre les mains des assiégeants avant un certain temps. Ujisato était un homme d'un caractère impétueux et fougueux. Il perdit rapidement patience : « Lâches ! », criat-il à ses hommes. « Pourquoi faut-il si longtemps pour prendre une place d'une telle insignifiance ? Vous seriez-vous tous transformés en femmes ? Je prendrai ce château tout seul, s'il le faut ! »

Ujisato se précipita alors vers les murs, poussant son cheval en avant avec insouciance et faisant fi des volées de flèches et de plombs qui lui étaient adressées. Comme il approchait des remparts, son cheval fut touché à l'abdomen. L'animal se cabra en poussant un cri d'agonie et vida son cavalier par l'arrière de la selle. À cet instant, la porte du château s'ouvrit et plusieurs hommes se précipitèrent dehors. Le général au sol, encerclé par ses ennemis, pensa alors que sa fin était venue, mais un géant vêtu d'une armure noire et monté sur un cheval alezan s'interposa. Il tailla avec ardeur, faucha à dextre et à senestre, balayant l'ennemi comme les feuilles au souffle du vent d'automne. Certains tombèrent morts sous les sabots du cheval, les autres se débandèrent et coururent sans demander leur reste vers la sécurité qu'offraient les remparts.

Nishimura Gonshiro, car tel était son nom, ne se donna pas la peine de poursuivre les assiégés, mais sauta plutôt de son cheval et se hâta de relever son chef. Ujisato n'était que légèrement blessé, et avec l'aide de Gonshiro il remonta aussitôt en selle.

« Merci mille fois, cher ami », dit-il en ramassant les rênes de l'alezan. « Sans vous, je serais mort. Je n'oublierai jamais que vous m'avez sauvé la vie aujourd'hui. Ce sera un grand plaisir, une fois la guerre terminée, que de vous exprimer ma gratitude sous quelque forme tangible ».

L'acte héroïque de Gonshiro sembla redonner du courage aux hommes d'Ujisato. Ils reprirent d'assaut le château avec plus de détermination encore et au bout de quelques heures seulement, la garnison capitula. Bientôt, toute l'île de Kyushu se soumettait à Hideyoshi.

Quand le calme fut rétabli, Hideyoshi récompensa les daimyos qui avaient combattu pour lui, et Ujisato fut promu au poste de gouverneur du château de Matsuzaka dans la province d'Ise, avec une rente annuelle de trois cent mille *koku*. À son tour, Ujisato récompensa selon leur grade ceux de ses vassaux qui s'étaient distingués sous son commandement. Certains reçurent des objets de valeur, d'autres virent leurs émoluments augmenter. Gonshiro considérait son fait plus important que ceux des autres, puisqu'il avait sauvé la vie de son maître au péril de la sienne, et s'attendait donc naturellement à recevoir une faveur spéciale. Mais à sa grande surprise et déception, il ne fut pas cité.

Quelle pouvait en être la raison ?

Au début, il s'en offusqua, ruminant cette flagrante négligence. Il essaya cependant de ne plus y penser (bien qu'une pointe d'amertume troublât parfois sa quiétude), étant d'ordinaire un homme peu soucieux du gain...

Entre temps, l'été était venu puis reparti, et on arrivait maintenant au mitan du neuvième mois, le moment de l'année où les nuits nippones sont les plus translucides car la lune brille avec le plus d'éclat. À cette occasion, les hommes à l'humeur poétique s'asseyaient souvent au milieu de la nuit pour composer des versets sur la beauté des astres, vidant du saké par petites gorgées dans des tasses en porcelaine délicate afin d'attirer les muses volages.

Ujisato donnait lui aussi une fête pour contempler la lune, et avait invité ses vassaux à un banquet dans la grande salle de son château. La lumière envoûtante de la pleine lune magnifiait l'austère et vieux bâtiment ; les petites vagues dans les douves brillaient comme de l'or liquide pendant que les grillons chantaient parmi les hautes herbes. On avait retiré les panneaux coulissants de la véranda.

La calme beauté de la nature détendait et marquait le cœur des guerriers accoutumés à des scènes bien différentes, faites d'effusion de sang et du fracas des batailles. Ce soir là, charmés par la joliesse du tableau, plusieurs hommes s'essayèrent à la poésie, et les vers d'Ujisato furent parmi les meilleurs. À mesure que la soirée avançait, le saké qu'ils partageaient sans parcimonie leur monta à la tête et certains de nos apprentis poètes se désinhibèrent peu à peu.

La conversation s'orienta finalement vers les récits de guerre. À tour de rôle, ils relatèrent les prouesses réalisées face à l'adversité. Leur hôte n'était d'ailleurs pas le dernier à se vanter. Il débuta sa geste de la sorte : « Écoutez, mes amis ! Vous souvenez-vous de l'assaut féroce du château de Ganshaku au début de l'année ? Sa simple évocation me fait encore bouillir le sang ! Nous attaquâmes la place forte trois jours durant, sans relâche, et pourtant nous ne fîmes aucun progrès. Vous, mes hommes, perdîtes courage. Pour vous rendre vaillance je chevauchai seul jusqu'à la porte ; seul, face à l'ennemi sous une grêle de projectiles. Une balle frappa mon cheval et il tomba, et moi sous lui. Saisissant l'occasion, l'ennemi fit une sortie et je fus bientôt encerclé par neuf ou dix des leurs. Je décidai alors de vendre cher ma vie... »

Ici, le narrateur s'arrêta pour essuyer son visage ruisselant ; il mettait tant d'énergie dans son discours qu'il suait maintenant à grosses gouttes. Gonshiro sentit son cœur bondir ; il se pencha en avant, fébrile. Son seigneur se décidait enfin à récompenser son attente patiente et à reconnaître publiquement ses mérites.

« ... De vendre cher ma vie », répéta Ujisato les yeux étincelants. « Alors je me battis comme jamais je ne l'avais fait auparavant, avec le courage du désespoir. J'en terrassai certains, en mis d'autres en fuite, et réussis finalement à remonter en selle et à entrer dans le château avant que l'ennemi n'ait pu refermer les portes. Témoins de mon action intrépide, vous fûtes inspirés par mon courage, et suivant mon exemple, fîtes tous de votre mieux. Enfin, la forteresse était prise... »

Ujisato omit ainsi de mentionner Gonshiro et son acte galant. Cette ingratitude fut la goutte d'eau qui fit verser le vase du fidèle vassal !

« Gonshiro demande la permission de parler, Votre Seigneurie », dit-il brusquement.

« Mais bien sûr », répondit Ujisato. « Qu'est-ce donc ? »

« Veuillez me pardonner, Votre Seigneurie, mais ce que vous venez de conter est à peine correct ».

« Quoi ! Que laissez-vous entendre ? Que j'aurais menti ?! »

« Oui, Votre Seigneurie. Vous parlez comme si vous aviez pénétré dans le château sans aide. Ce n'est pas vrai. Quand vous êtes tombé de cheval, encerclé par l'ennemi, j'ai volé à votre secours et c'est sur mon alezan que vous êtes ensuite monté. Grâce à mon aide au moment décisif, vous avez pu atteindre le château. Ce ne serait que justice que vous revinssiez sur vos propos et reconnussiez que vous avez été sauvé d'une mort certaine par

Gonshiro, Votre Seigneurie ».

Ce discours hardi souleva un vif émoi parmi les invités. Beaucoup de ceux qui étaient présents ce soir là pouvaient témoigner de la véracité des paroles de Gonshiro. Ils attendirent, le souffle coupé, ce qui allait suivre.

Ujisato souhaitait depuis longtemps récompenser convenablement Gonshiro pour ses services, et prévoyait de le nommer gouverneur du château de Tage, une petite forteresse rattachée au grand château de Matsuzaka où il résidait lui-même. Mais la forteresse de Tage avait été érigée en un lieu hautement stratégique et sa position par rapport à Matsuzaka était telle que si une insurrection venait à éclater, ou si la place forte venait à tomber aux mains de l'ennemi, la sécurité de Matsuzaka en serait immédiatement compromise. Il était capital, par conséquent, de nommer à sa tête un homme absolument digne de confiance. Le prudent Ujisato, qui voulait être tout à fait sûr de la fidélité de Gonshiro, avait imaginé le tester ainsi, avant de lui offrir ce poste.

« Silence, Gonshiro ! », tonna le daimyo, continuant un temps encore le rôle qu'il avait décidé de jouer. « Comment osez-vous contredire votre maître ! Mensonges ! Je n'ai aucun souvenir d'avoir été sauvé par vous ou par qui que ce soit ».

« Étrange, Monseigneur ! Vos mots à l'époque disaient : "Merci mille fois, Gonshiro ! Sans vous, je serais mort maintenant. Je n'oublierai jamais ce que vous avez fait et vous récompenserai une fois la guerre terminée". À vrai dire, je ne veux pas de récompense ; je suis un soldat ordinaire sans femme ni enfants. Cependant, il m'est insupportable que vous ignoriez ainsi mes services. C'est un fait incontestable, Monseigneur, que je vous ai sauvé la vie et ainsi ouvert la voie à nos troupes pour prendre le château de Ganshaku ».

« C'est un mensonge ! Vous ne m'avez pas sauvé la vie ».

« C'est la vérité ! Je vous ai sauvé ! »

« Vous êtes ivre, vous ne savez pas ce que vous dites. Je le répète, vous ne m'avez pas sauvé la vie ! »

Le sang de Gonshiro bouillait. Il jeta l'étiquette et la retenue aux quatre vents.

« Ingrat et menteur ! Je t'ai sauvé la vie ! »

« Mensonge ! »

Ujisato lui jeta un regard noir. Il semblait sur le point de punir l'audacieux offenseur comme il se devait, mais se ravisa et éclata de rire. « Allez, Gonshiro ; vous persistez à dire que vous m'avez sauvé ; je le nie. À ce jeu point de fin puisque chacun campe sur sa position. Ainsi, afin de régler la question une bonne fois pour toutes, je vous propose un combat de lutte, entre vous et moi. Si je suis vaincu, j'admettrai que vous m'avez sauvé comme vous le racontez, et je m'inclinerai devant vous les deux mains sur le sol, priant humblement votre pardon. Ce sera pour moi une humiliation aussi grande que la perte de son *kabuto* [32] sur le champ de bataille ou la reddition à l'ennemi. Toutefois, si vous perdez, vous serez accusé de mensonge et

---

32. Casque de l'armure du samouraï.

devrez commettre *seppuku*. Lutterez-vous contre moi selon ces termes ? »

Les invités parurent surpris. Les uns chuchotaient aux autres : « Quelle proposition ! » ; « Monstrueusement injuste ! » ; « L'un risque sa vie, l'autre une simple excuse ! » ... « Quelles sont les chances ? » ; « Gonshiro est le meilleur homme » ; « Je ne vous l'accorde pas : Notre Seigneur a la plus grande habileté. Je parie que Sa Seigneurie va gagner » ... « Gonshiro n'acceptera jamais de telles conditions. Tout cela est bien trop inique ! »

Pendant que les murmures allaient bon train, Gonshiro demeurait la tête inclinée, s'accordant un instant de réflexion. Enfin, il leva les yeux ; des yeux chargés d'étincelles.

« Monseigneur », dit-il, « je relève votre défi ! J'accepte vos conditions, si injustes soient-elles. Je suis un samouraï et ne saurais ainsi reculer face au danger. Certain de la véracité de mes dires, je lutte avec vous ».

« Bien ! Préparez-vous, alors ».

« Votre Seigneurie, je suis prêt ».

Un espace fut créé au centre de la salle, tandis que les deux champions se dépouillaient de tout vêtement inutile. Alors, la lutte commença, et comme tous deux étaient à peu près de force égale, pendant un certain temps nul ne prit l'avantage sur l'autre. Finalement, poussant un grand cri, Gonshiro réussit à se contorsionner, et par un mouvement habile souleva son adversaire sur ses épaules et le jeta au tapis dans un suprême effort, à une distance de huit ou neuf *shaku* [33]. Ujisato s'évanouit, et grande fut la consternation de ceux qui se précipitèrent à son secours. Un remontant lui fut administré et au soulagement de tous, Ujisato revint bientôt à lui. Le vaincu, en s'appuyant sur le bras d'un serviteur, se retira dans ses appartements privés. Le banquet, bien sûr, fut déserté, et la plupart des convives rentrèrent chez eux. Gonshiro quitta le château abattu et exaspéré.

« Mon Seigneur s'est comporté de façon idiote », se dit-il. « Je n'aurais jamais pu imaginer ça de lui. Je ne resterai pas à son service plus longtemps. Le monde est vaste et un homme de ma vaillance peut trouver un emploi n'importe où. Pour sûr ! Je pars me mettre au service d'un autre maître ; un daimyo que je respecterai plus que je ne peux respecter désormais le Seigneur Ujisato ». Ayant pris sa décision, il ne lui fallut pas longtemps pour terminer les préparatifs du départ. À minuit, il se mit secrètement en route, avec l'intention de ne jamais revenir.

Le lendemain matin, tous les samouraïs se présentèrent au château pour s'informer de la santé de leur seigneur ; tous, sauf Gonshiro. Le daimyo, qui était tout à fait revenu à lui, remarqua son absence et appela Gamo Gonzaemon, l'un de ses principaux conseillers ou *karō*. Ujisato lui demanda ce qu'il était advenu de Gonshiro. « J'ai le regret d'annoncer à Votre Seigneurie... », commença le *karō*. « Je viens d'apprendre qu'il n'a pas été vu ce matin et on suppose qu'il s'est enfui, suite aux

---

33. 2,5 mètres environ.

événements malheureux d'hier soir ».

« Si cela est vrai », dit Ujisato, « j'en suis vraiment désolé. Je jouais la comédie afin de tester sa fidélité, et si mes mots m'ont fait perdre un honnête vassal, vous m'en voyez fort attristé. Ordonnez qu'on le recherche. Quand on l'aura retrouvé, qu'on l'amène devant moi. Dites-lui que je ne faisais que plaisanter et qu'il recevra une récompense substantielle pour les services qu'il m'a rendu. Partez sur le champ, Gonzaemon, il n'a pas pu aller bien loin ».

On rechercha Gonshiro dans tous les lieux probables et improbables du domaine, mais sans succès. Personne ne le vit ni n'en entendit parler pendant longtemps...

Un *rōnin* émacié, mal vêtu, portant deux sabres aux *sageo* [34] usés et déchirés et aux *saya* [35] souillés, les pieds poussiéreux chaussés de sandales de paille tourmentées, déambulait avec l'arrogance propre à sa caste devant la porte d'entrée de la résidence de Gonzaemon.

« Insolent ! », s'écria un samouraï dont le métier était de garder la porte. « Cet endroit n'est pas pour toi. Si tu souhaites demander l'aumône, vas le faire à l'arrière ».

---

34. Corde en soie tressée, destinée à attacher le fourreau des sabres à la ceinture.

35. Fourreau du sabre.

« Je ne suis pas un mendiant implorant l'aumône », répondit l'étranger avec fierté. « Je suis Nishimura Gonshiro ; j'ai quitté le service du Seigneur Ujisato il y a trois ans. Je suis venu dire un mot à votre maître. Veuillez informer Son Honneur de ma visite ».

Gonzaemon fut ravi d'apprendre le retour du samouraï longtemps recherché en vain. Au grand dam du préposé à la porte qui regardait avec dédain l'aspect sale et usé de l'invité, Gonshiro fut admis dans la chambre d'ami. Après un salut cordial Gonzaemon demanda : « Et comment vous portez-vous depuis votre si brusque départ, Gonshiro ? »

« Plutôt mal, Votre Honneur. On dit qu'un samouraï fidèle ne sert jamais deux maîtres... Vous voyez, j'ai abandonné Mon Seigneur et suis devenu *rōnin* de mon propre chef. J'espérais entrer au service d'un daimyo plus honorable et j'ai donc voyagé d'une province à l'autre. Mais je n'ai jamais eu de chance. Ceux que j'aurais souhaité servir ne voulaient pas de moi, qui avait déserté mon clan. Ceux qui m'auraient accepté ne me convenaient pas. Après une longue et âpre errance, je suis arrivé à la conclusion qu'il n'y a pas de daimyo digne d'allégeance autre que mon ancien maître, le Seigneur Gamo. Me voilà donc revenu pour voir s'il consentirait à oublier ma mauvaise conduite passée et à me reprendre à son service. Bien sûr, je ne m'attends pas à recevoir les émoluments d'autrefois. Je serais reconnaissant et plus que satisfait s'il me laissait le servir en tant que simple page. Auriez-vous la gentillesse d'intercéder en ma faveur ? »

« Vous avez bien fait de rentrer », répondit le *karō*. « Inutile de dire que Notre Seigneur a vivement regretté sa plaisanterie stupide. Il vous a fait rechercher inlassablement pour vous demander de revenir. Il se réjouira d'apprendre la nouvelle. Attendez ici et faites donc toilette pendant que je cours au château ».

Gonzaemon ne laissa pas son visiteur dans l'attente très longtemps. Il rapporta à Gonshiro que Sa Seigneurie semblait ravie et qu'elle souhaitait le rencontrer au plus vite. « Pardonnez-moi de mentionner chose pareille », poursuivit le *karō*, « mais vos vêtements sont usés et souillés par le voyage. Puis-je vous offrir de vous changer avant de vous présenter devant Sa Seigneurie ? »

« En aucun cas », répliqua le samouraï. « Vous êtes bien aimable, mais permettez-moi d'aller comme je suis. Mon misérable état donnera à Mon Seigneur une certaine idée des difficultés que j'ai endurées en tant que *rōnin* ».

« Comme il vous plaira, mon cher ! »

Les deux hommes si différents d'aspect montèrent au château et attendirent dans l'antichambre jusqu'à ce que le seigneur Gamo les convoquent. « Ah, Gonshiro ! » s'écria-t-il avec bonhomie. « Je suis heureux de vous revoir. Vous avez été bien trop pressé de fuir. Je ne faisais que vous taquiner et vous avez pris mes paroles avec un amer sérieux. Je souhaite vous voir reprendre votre ancienne place et me servir à nouveau fidèlement ».

« Vos aimables paroles m'accablent, Votre

Seigneurie », déclara Gonshiro avec humilité. « Je ne trouve pas de mots pour exprimer ma gratitude. J'emploierai toutes mes compétences à votre service ».

Gonzaemon assistait ravi à cette réconciliation entre le suzerain et le vassal. Le daimyo ordonna que l'on préparât un banquet pour fêter l'événement.

Les invités firent bonne chère, et profitèrent abondamment du saké. Il ne fallut pas longtemps avant qu'Ujisato ne commençât, comme la fois précédente, à parler sans vergogne de ses exploits et de ses prouesses martiales.

« Gonshiro, lorsque j'ai lutté contre vous cette fois-là, nous nous en souvenons tous, vous m'avez battu parce que j'étais à moitié ivre », dit-il tout à coup. « Depuis, ma santé s'est nettement améliorée et je suis beaucoup plus lourd et plus fort qu'avant. D'autre part, les nombreuses épreuves traversées lors de votre errance vous ont considérablement amoindri et vous ne paraissez plus que l'ombre de vous-même. Si nous devions combattre maintenant, vous n'auriez aucune chance ».

On aurait pu penser que, la sagesse venant avec l'expérience, Gonshiro aurait le bon sens de souscrire aux paroles de son seigneur, répliquant par exemple : « C'est bien vrai, Votre Seigneurie. C'était un coup du hasard, et je n'aurais pas la moindre chance maintenant »... Mais l'imbécile n'entendit que le dénigrement supposé de sa force et de son habileté ; chose qu'il ne pouvait laisser passer sans protester.

« Je suis très amaigri comme Votre Seigneurie

peut l'observer », répondit-il sans ambages, « mais ma force demeure inchangée. Il est normal qu'un samouraï soit plus fort que son seigneur. Mes muscles se sont endurcis sur de nombreux champs de bataille ou lors de duels amicaux ; ils sont noueux comme du bois. Excusez-moi, mais je ne pense pas être terrassé, quand bien même cinq, voire dix hommes de votre poids se jetteraient sur moi en même temps ».

« Quel est ce fanfaron !? Vous vous vantez encore de votre force ? Et bien, si vous êtes si sûr de vous-même, luttez de nouveau avec moi ! ».

« Avec plaisir, Votre Seigneurie ! », déclara l'intrépide idiot.

« Préparez-vous ! »

« Je suis prêt, Votre Seigneurie ».

À ces mots, les deux hommes se levèrent et se préparèrent à combattre.

Gonzaemon, quant à lui, méditait sur l'orgueil des Hommes... Pendant des années, Ujisato avait regretté l'acte qui lui avait coûté un vassal fidèle ; pendant des années Gonshiro avait erré, *rōnin* sans-abri et souvent sans pitance. Seigneur et vassal s'étaient finalement réconciliés et tout allait bien. Pourtant, sur un point d'honneur dérisoire, cet heureux état des choses était une fois encore sur le point de s'effriter, et cette fois pour de bon. Il essaya de protester, mais nul ne voulut l'entendre. Tout ce qu'il pouvait faire maintenant était de conseiller par signes à Gonshiro de se laisser vaincre. Gonshiro, comprenant un peu tardivement les conséquences possibles de son comportement téméraire, répondit de la même façon : « Je le ferai ».

Convaincu qu'il avait évité la catastrophe, le *karō* se proposa pour arbitrer le match. Il se tint alors debout avec un éventail ouvert dans la main. Après une courte phase d'observation, les combattants s'agrippèrent dans un bras de fer vigoureux. Gonshiro avait honnêtement l'intention de laisser à son maître la satisfaction de gagner. « Mais », pensa-t-il, « si je me laisse trop facilement renverser, Mon Seigneur se doutera de quelque chose. D'ailleurs, je ne peux pas le laisser croire que je suis devenu un gringalet ».

Les lutteurs s'agrippaient de plus belle. Gonshiro pensa de nouveau : « Si je me laisse battre, alors que je possède la force de gagner, je passerai pour une créature méprisable qui se vend pour obtenir position et rémunération. Rien ne déshonore plus un samouraï que la flatterie. "Un homme ne vit que le temps d'une génération, mais un nom demeure pour l'éternité." La réputation est au-dessus des récompenses matérielles. Je ne peux pas perdre. Je dois faire de mon mieux à tout prix et quoi qu'il arrive, je dois jeter Mon Seigneur à terre ». Là-dessus, il se campa, se cambra, et avec un grand cri épaula son adversaire, le jetant trois tatamis plus loin, exactement comme il l'avait fait trois ans auparavant.

L'arbitre, ne doutant pas une seconde que Gonshiro eût suivi son conseil et que ce fût lui le vaincu, s'écria : « Bravo, Monseigneur ! Je n'ai jamais vu meilleure prise ! » Il n'eut pas le temps d'en dire plus qu'il comprenait son erreur. Grand fut son désarroi lorsqu'il constata que Gonshiro avait triomphé et que son maître avait ainsi subi une humiliante défaite pour la seconde fois...

Maintenant que l'excitation était retombée, Gonshiro se sentait comme couvert de honte et de chagrin. Ujisato se releva sans aide et outré, se retira dans ses appartements.

« Imbécile que je suis ! », cria Gonshiro au désespoir. « En dépit de vos conseils, en dépit de ma propre détermination, ma vanité l'a emporté et, oubliant tout le reste, j'ai commis cette faute impardonnable une seconde fois. Je vais m'éventrer et je vous prie de me faire l'honneur d'être mon témoin ».

Le malheureux attrapa son *wakizashi*. Il était sur le point de se le plonger dans le corps, lorsqu'une porte coulissante dévoila Ujisato qui surgit juste à temps pour retenir le geste du samouraï.

« Stop ! Arrêtez, Gonshiro ! », cria-t-il. « Vous êtes toujours aussi impétueux. Je ne vous blâme pas car c'est là le vrai esprit du samouraï. Cet esprit qui fait qu'en dépit de la misère, de la faim et des haillons, le samouraï dédaigne la flatterie quand elle sert l'appât du gain. Mon brave, je vous honore pour cela ! Les difficultés de ces trois dernières années eussent pu changer votre personne et peut-être eussiez-vous été prêt à vendre votre honneur pour mes faveurs et les mondanités. C'est pourquoi j'ai feint l'ivresse et ce comportement fanfaron ! Je souhaitais une fois de plus vous défier et sonder ainsi vos états d'âme. Vous avez passé l'épreuve avec noblesse, en dédaignant la flatterie quelles qu'en soient les conséquences. Vous personnifiez en effet le modèle de ce que signifie "être un samouraï" ! En reconnaissance de vos services lors de l'assaut du château de Ganshaku, je vous nomme gouverneur de la forteresse de Tage, avec une rente annuelle de dix mille *koku*. De plus, pour la défaite que je subis de vos mains il y a trois ans, je vous octroie mille *koku* supplémentaires. Voici le manuscrit faisant foi de votre charge ».

À cette magnanimité inattendue de la part de son maître, Gonshiro, guerrier endurci qu'il était, ne put retenir ses larmes.

Gonshiro servit son suzerain avec loyauté et dévotion. Lorsque Ujisato mourut, traîtreusement empoisonné par ses ennemis, son fidèle vassal décida de mettre fin à ses jours selon le rituel du *junshi* [36], afin d'accompagner son seigneur bien-aimé jusqu'au Yomi.

---

36. « Suicide par fidélité » des samouraïs après la mort de leur maître.

L'histoire de Kimura Shigenari

C'était la dix-huitième année de Keichō (1613). Toyotomi Hideyoshi était mort depuis quatorze ans déjà. Son fils, Hideyori, alors âgé de vingt-deux ans, aurait dû régner sur le Japon mais ses partisans avaient subi une cuisante défaite face aux troupes de son rival, Tokugawa Ieyasu, à la bataille de Sekigahara. La fortune avait changé de camp. Tous les daimyos avaient juré allégeance à Ieyasu, et ce dernier avait été nommé shogun par l'empereur.

Ieyasu avait abdiqué en faveur de son fils Hidetada, mais continuait en réalité à diriger le navire de l'état. Pendant ce temps, la bonne étoile de Hideyori avait rapidement décliné. Il n'était plus que seigneur de Settsu et de Kawachi, des provinces relativement petites, avec le titre honorifique de *udaijin* [37]. Il résidait néanmoins dans le château imprenable d'Osaka, construit par son père et qui abritait disait-on, une garnison de quelque cent mille hommes ! Parmi eux se trouvaient de nombreux braves et loyaux officiers comme Katagiri Katsumoto, Sanada Yukimura, Suzukida Hayato ou Kimura Shigenari, ce dernier étant le héros de cette histoire.

Ces puissants seigneurs se souvenaient avec

---

37. Littéralement « ministre de droite ». Il est avec le « ministre de gauche » le fonctionnaire impérial le plus important après le premier ministre.

gratitude des faveurs qu'ils avaient reçues de Hideyoshi, et adhéraient encore secrètement à la cause de son fils, attendant une occasion favorable de contre-attaquer et de restaurer enfin le prestige et la puissance des Toyotomi. Ieyasu, avec sa perspicacité habituelle, avait deviné leurs intentions et semblait déterminé à frapper un coup décisif afin de régler la question une bonne fois pour toutes. La guerre pouvait éclater à tout moment.

Kimura Shigenari, âgé de vingt ans, avait servi Hideyori comme page depuis son enfance. Son intelligence, sa loyauté et surtout ses prouesses martiales ainsi que sa connaissance de la stratégie, venaient de décider Katagiri Katsumoto, premier conseiller de Hideyori, à le nommer officier supérieur. Shigenari reçut le titre de Nagato-no-Kami, c'est-à-dire seigneur de la province de Nagato, et une rente annuelle de sept mille *koku* de riz. Par ailleurs, le général Mano Yorikane, admirant le courage et le fin caractère du jeune samouraï, lui donna une preuve tangible de sa considération en lui accordant la main de sa fille Aoyagi, renommée pour sa beauté et ses manières.

En plus de ses attributs virils et de sa force physique, Shigenari était exceptionnellement beau, mince et gracieux. Sa vénusté et son raffinement marquaient d'ailleurs bien plus les âmes que sa force et ses diverses compétences, et pour cette raison, ceux des guerriers qui n'avaient jamais eu l'occasion d'être témoin de son habileté martiale étaient enclins à considérer sa promotion soudaine avec étonnement, voire défiance. Certains allaient même jusqu'à dire, dans son dos : « Shigenari est estimé au-dessus de sa valeur. Il est efféminé et doux ; en temps de guerre, la lâcheté le fera s'enfuir aux premiers bruits de la bataille ».

Parmi les médisants, il y avait un *chabōzu*, ou « prêtre du thé » [38], nommé Yamazoe Ryôkan. Ryôkan était un tyran et un ivrogne notoire. Il possédait des compétences incontestables dans les arts martiaux, mais était enclin à s'en vanter. Un jour, l'idée lui vint de chercher querelle à Shigenari afin de provoquer une rixe et d'humilier le héros courtois. À cette fin, Ryôkan se cacha derrière un écran, et comme Shigenari passait précipitamment le long du corridor pour se rendre vers la salle des audiences, le *chabōzu* mit soudainement le *saya* de son sabre en travers du chemin. Le guerrier, surpris, sauta avec légèreté par-dessus, mais un pan de son *hakama* [39] effleura le fourreau. Ryôkan sortit de sa cachète.

« Kimura-*dono* [40], vous marchez trop vite ! », cria-t-il en colère.

Shigenari se retourna. « Veuillez excuser mon impolitesse », dit-il avec civilité.

« Vos excuses arrivent bien tard, après ma requête seulement ! »

« Pardonnez alors ma double impolitesse, Yamazoe, j'étais tellement pressé que je n'ai pas

---

38. Un samouraï de rang inférieur dont la fonction était de servir le thé à son seigneur. Il avait le crâne rasé comme un prêtre, d'où ce sobriquet de « prêtre du thé ».

39. Large pantalon plissé.

40. Dono : marque de déférence de la langue japonaise.

fait attention. Excusez-moi ».

« Billevesée ! Si vous êtes en retard, vous ne devez vous en prendre qu'à vous même ! Et d'où croyez-vous que vous pouvez marcher sur mon sabre en toute impunité ? Il est vrai que je suis un prêtre du thé, votre inférieur dans la hiérarchie, mais je n'en demeure pas moins un samouraï ! Le sabre d'un samouraï est comme son âme. Vous avez foulé aux pieds mon âme ; une telle insulte est inexcusable ! Vous l'avez fait par malice. Je vous provoque en duel ! »

« Vous parlez déraisonnablement ; pourquoi tiendrais-je rancune envers vous ? Pourquoi souhaiterais-je vous insulter ? »

« Alors pourquoi avez-vous marché sur mon sabre ? »

« Ne viens-je pas de vous l'expliquer ? Je suis pressé de me présenter devant Mon Seigneur ».

« Alors permettez-moi de vous faire ce que j'entendrai et j'accepterai vos excuses ».

« Mais bien sûr. Faites-moi ce qu'il vous plaira ».

« Alors voilà ! » Et il porta un coup à la joue de Shigenari avec toute la force de sa main nue. Shigenari sourit. « Merci de votre châtiment » dit-il, et il poursuivit son chemin.

Ryôkan se pavanait maintenant avec arrogance dans tout le château, donnant à tous ceux qu'il rencontrait un compte rendu très coloré de la scène, et appelant Shigenari le « pleutre samouraï ». Les jaloux de la promotion de Shigenari s'en allaient répéter à leur tour l'histoire en termes encore plus exagérés. Bientôt, tous les samouraïs qui n'avaient aucune connaissance du caractère réel du jeune officier crurent la calomnie et se gaussèrent de sa pusillanimité supposée. Shigenari savait tout cela, mais ne s'en souciait guère.

Mais pas Yorikane, son beau-père. D'une nature irascible et très pointilleux sur les questions d'honneur, il n'eut pas plutôt vent de l'incident qu'il se précipita à la résidence de Shigenari et exigea une entrevue.

« Bienvenue, Mon Beau-père », dit le jeune homme avec calme. « Je vous en prie, asseyez-vous ».

« M'asseoir ? Non, je ne veux pas m'asseoir et ne m'appelez plus jamais "père". Je suis venu vous dire que vous devez divorcer de ma fille ».

« C'est très soudain ! Quelle est la raison de cette étrange requête ? »

« Imbécile que j'ai été de donner ma fille à un samouraï couard comme vous ! »

« Vous utilisez un tel terme à mon encontre ? »

« Vous feignez l'ignorance... Et bien, je vais vous dire pourquoi les hommes vous qualifient de lâche. Écoutez ! On raconte que vous vous êtes laissé frapper à la joue par ce minable de *chabōzu* il y a un jour ou deux de cela, et celui-ci est toujours en vie pour colporter l'affaire. L'avez-vous déjà oublié ? Ah, je vois que la mémoire vous revient ! »

« Certes, Ryôkan m'a frappé, mais... Et alors ? »

« Et alors ? Et alors ? Comment un samouraï peut-il être insulté mortellement de la sorte et ne point répondre ? Lâche ! Et d'ailleurs, comment lui avez-vous permis d'agir ainsi en premier lieu ? »

« Ryôkan a mis son *saya* en travers de mon chemin alors que je me rendais à une entrevue avec Notre Seigneur. L'ourlet de mon *hakama* l'a effleuré comme je passais par dessus. Toutefois l'homme a insisté, disant que j'avais marché sur son sabre et que je l'avais fait à dessein. Il est évident qu'il voulait provoquer une rixe. Je me suis excusé, mais il s'est obstiné. Estimant que c'était une perte de temps de discuter avec un lui, et pour mettre fin à la question aussi rapidement que possible, je l'ai laissé me frapper comme il le souhaitait. Voilà toute l'affaire ».

« Indolent poltron ! », s'écria Yorikane, plus furieux maintenant qu'il avait entendu le compte-rendu de Shigenari. « Ryôkan est un simple prêtre du thé, et vous êtes un samouraï de haut rang évoluant dans l'entourage de Notre Seigneur. Il ne peut y avoir de comparaison entre vos positions respectives. Vous deviez le tuer sur le champ. Votre conduite est totalement inexplicable ».

« Vous vous trompez, Mon Beau-père, quand vous dites que j'aurais dû le tuer ».

« Comment ? Il ne peut y avoir deux avis sur la question. Où est votre sens de l'honneur ? Je ne gaspillerai pas ma salive avec vous. Renvoyez-moi ma fille dans l'heure. J'ai honte d'être votre beau-père ».

« Calmez-vous, Mon Beau-père, et écoutez-moi s'il vous plaît. Imaginez-vous que je minimise le comportement insolent de Ryôkan parce que j'ai peur de lui ? »

« Que pourrais-je penser... »

« Alors écoutez-moi. Rappelez-vous, Mon Beau-père, que la vie d'un samouraï ne lui appartient pas ; elle appartient à son seigneur. À en juger par les relations tendues entre notre clan et les Tokugawa, les hostilités peuvent éclater à tout moment... »

Le visage sombre, Shigenari poussa un profond soupir. « Oui, la guerre est proche, et à son dénouement est suspendu le destin de Notre Seigneur et de son clan. J'ai l'intention de me battre jusqu'au bout de ma force afin d'acquitter les nombreuses faveurs reçues des mains de Notre gracieux Maître. Je donnerai ma vie pour sa cause ; et c'est d'ailleurs le devoir impérieux de chacun d'entre nous, qu'il soit en haut ou en bas de la hiérarchie. Nos vies n'ont jamais été plus précieuses qu'aujourd'hui ; nous ne pouvons les gâcher. Quel bien y aurait-il eu à tuer Ryôkan ? Son rang est certainement inférieur au mien, mais il demeure un samouraï, et en tant que tel, sa mort ne serait pas passée inaperçue. En outre, Ryôkan, bien qu'ayant forme humaine, n'est qu'un insecte à mes yeux. Il serait désobligeant de dégainer son sabre pour se défaire d'un simple insecte ! Par conséquent... »

« Assez, assez ! », interrompit l'impulsif Yorikane. « Je comprends, vous avez raison. Je vous ai jugé à la hâte et de façon incorrecte. Veuillez me pardonner, moi et mes paroles inconsidérées ».

Shigenari sourit, satisfait de la réconciliation.

« Nous sommes père et fils de nouveau », ajouta le vieil homme, « et j'en suis fier. Vous êtes un vrai samouraï. Mais dites-moi », continua-t-il en riant, « vous traitez Ryôkan d'insecte ; à quel insecte le comparez-vous donc ? »

« À une mouche », répondit Shigenari. « Une mouche se pose sur un tas d'immondices ou sur un empereur... Elle ne fait pas de distinction entre le bien et le mal, le haut ou le bas. Mais personne ne viendrait à dire qu'en cela, la mouche est un insecte impoli... Si l'on considère Ryôkan comme un homme, on ressent colère et dégoût. Par contre, si on le voit comme une mouche, alors il n'est pas raisonnable d'avoir de tels sentiments à son encontre, car comme l'insecte, il n'en est pas digne. C'est pourquoi je ne tiens jamais compte de ce qu'il peut dire ou faire ».

« Bien argumenté, Shigenari ! Quelle noblesse d'esprit ! J'admire votre sagesse et votre patience. Comme vous le dites, le nuage de la guerre noircit et il nous incombe à nous, samouraïs fidèles, de rester sur nos gardes et de ne pas gaspiller nos énergies dans d'insignifiantes querelles. Encore une fois, je vous demande pardon d'avoir mal interprété votre conduite. Vous êtes plus jeune que moi, cher Shigenari, mais vous avez plus de maturité dans votre jugement. Je suis vieux, mais toujours aussi téméraire et impétueux comme un bec-jaune ».

Satisfait, Yorikane rentra chez lui, puis fit de son mieux pour effacer l'accusation de lâcheté faite à son gendre. Il parla en termes élogieux du motif réel de Shigenari quant à son comportement vis-à-vis du *chabōzu*, et décrivit sous quel jour le jeune samouraï considérait le prêtre du thé.

L'opinion publique changeant plus rapidement que tournent les vents, ceux qui s'étaient gaussés furent bientôt les premiers à louer la loyauté et le sang froid de Shigenari. Ryôkan, par ailleurs, fut copieusement moqué et surnommé dès lors le « prêtre-mouche ». Conséquence naturelle de cette affaire, au lieu de se repentir, Ryôkan éprouva une haine croissante envers son supérieur. Il se mit aussitôt à l'affût d'une occasion d'assouvir sa vengeance.

Il y avait au château une grande salle de bain commune où les samouraïs en service de nuit avaient pour habitude de faire toilette tous ensemble. Ryôkan décida de suivre un soir Shigenari en cachette, afin de satisfaire sa rancune. La pièce était brumeuse, emplie de vapeurs d'eau thermale. Quatre ou cinq samouraïs se prélassaient alors dans le grand bain carré. Confondant l'un d'entre eux avec Shigenari, le *chabōzu* s'approcha et rassemblant toutes ses forces, lui asséna un coup violent sur la tête. L'homme nu sorti de l'eau, saisit Ryôkan par le cou et le jeta au sol.

« Je vais vous apprendre à frapper un homme sans défense ! », rugit-il. « Savez-vous qui je suis ? Je suis Suzukida Hayato ! Préparez-vous à mourir ! »

Puis découvrant sur qui il s'acharnait, il s'écria surpris : « Quoi ? Mais c'est Ryôkan, le méprisable prêtre-mouche ! Pour quelle raison m'avez-vous frappé de la sorte ? Vous allez comprendre que même si vous n'êtes qu'une mouche, vous ne pouvez pas insulter Suzukida impunément ! »

Mort de peur à l'évocation du nom de Suzukida, héros réputé pour sa force colossale, Ryôkan balbutia : « Je vous demande humblement pardon,

Suzukida-*sama*, c'était une erreur. Jamais je ne songerais à vous frapper ! Le coup était destiné à Kimura Shigenari. Épargnez ma vie, je vous en supplie ! »

Mais son discours rendit Suzukida plus furieux encore.

« Comment ? », vociféra-t-il. « Tu voulais frapper ton bienfaiteur ? L'homme qui a généreusement pardonné ta conduite scandaleuse envers lui ? Mécréant, je vais t'achever en son nom. Meurs ! »

À ces mots Suzukida leva son poing de fer : assurément la dernière heure de Ryôkan était venue. Heureusement, quelqu'un saisit au vol le bras qui s'abattait sur le *chabōzu*. Fou de rage, Suzukida se débattit pour se libérer mais en vain ; il était pris comme dans un étau. Il se retourna, et vit à sa grande surprise que l'homme qui l'avait maîtrisé n'était autre que Shigenari en personne.

« Excusez mon impolitesse, Seigneur Suzukida. Je ne doute pas un instant des aveux de ce lâche : il vous a pris pour moi, une méprise dont vous me voyez extrêmement désolé. Il est naturel que vous vous sentiez insulté, mais si vous le frappez avec votre poing vous le tuerez sur le coup. Ryôkan est mon ennemi ; puis-je vous demander de laisser son châtiment à ma discrétion ? »

« Bien entendu », répondit Suzukida, acquiesçant avec un rire alors que Shigenari libérait son bras. « Disposez de lui comme bon vous semblera. J'ai entendu dire que le bonhomme devenait de plus en plus arrogant et qu'il se comportait avec une grossièreté croissante envers nos camarades. Soyez certain qu'il a bien des raisons de se repentir ».

Dès que Suzukida eut quitté la pièce, Shigenari aida Ryôkan à se relever, et le raccompagna jusqu'à sa chambre où il pansa ses blessures avec une grande sollicitude. Quand le *chabōzu* fut à peu près remis, Shigenari le sermonna gentiment.

« Quelle folie, Ryôkan, de vous montrer si fier de votre force et de vous comporter avec tant d'arrogance envers vos camarades et vos supérieurs. Un samouraï doit utiliser ses dons uniquement pour servir son maître. Vous devriez agir pour le seul bénéfice de Son Altesse, le Seigneur Hideyori. Il est regrettable que vous deviez gaspiller votre énergie dans des querelles stériles. Heureusement que ce fut moi que vous insultâtes l'autre jour, car si cela avait été quelqu'un d'autre vous auriez sans doute perdu la vie. Vous possédez une grande force physique et des compétences certaines dans le maniement des armes. La guerre est proche et la vie de tous les samouraïs est précieuse, c'est pourquoi je vous ai épargné. Vous devez vivre pour servir, le moment venu. Mais vous n'avez pas compris ma motivation et avez guetté l'occasion de m'insulter à nouveau. Quel manque de discernement ! Si je n'avais pas intercédé en votre faveur tout à l'heure, vous seriez mort ; d'une mort bien inutile des mains du Seigneur Suzukida. Une mort sans but n'est-elle pas un déshonneur pour un samouraï ? Si vous vous repentez de vos erreurs passées je demanderai au Seigneur Suzukida d'oublier et de pardonner votre impolitesse ; et je suis sûr qu'il ne refusera pas. N'allez-vous pas changer de comportement et utiliser désormais toutes vos énergies à faire de votre mieux pour Notre Seigneur et sa cause, Ryôkan ? »

Le *chabōzu* écouta ce long discours, la tête baissée et le regard fuyant. La remontrance lui alla droit au cœur. Des larmes chaudes coulaient sur ses joues rêches, il les essuya avec sa manche avant de répondre d'une voix cassée : « Chaque mot que vous avez prononcé m'a percé le cœur, Kimura-*sama*. Votre bonté me submerge. J'ai profondément honte de moi, et maintenant je réalise à quel point j'ai été aveugle pour ne pas saisir vos motivations nobles et désintéressées. Je voudrais tant faire *seppuku* pour expier mes fautes ! Mais prendre ma vie serait contraire à vos instructions : comme vous l'avez souligné, il est de notre devoir à tous de vivre jusqu'au dénouement final pour servir la cause de Notre Seigneur... Si vous consentez à me pardonner, je désire sincèrement devenir votre serviteur. Bien qu'indigne d'une telle faveur, je vous supplie de ne pas rejeter ma demande ».

Touché et heureux de la réussite de son sermon, Shigenari accepta volontiers. Après avoir obtenu la permission du Seigneur Hideyori, il reçut les vœux vassaliques de Ryôkan.

Yamazoe Ryôkan, prêtre du thé autrefois ivrogne et bagarreur notoire, devint un homme nouveau et se consacra dès lors de toutes ses forces au service de son maître adoré.

二

L'année qui suivit ces événements, les relations déjà tendues entre les Toyotomi et les Tokugawa se détériorèrent, et comme cela avait été pressenti, la guerre fut finalement déclarée. L'ex-shogun Ieyasu et l'actuel shogun Hidetada assiégèrent le château d'Osaka avec leur armée forte de deux cent mille hommes.

Les troupes assiégées, en infériorité numérique mais commandées avec intelligence par plusieurs généraux vétérans, se défendirent avec courage et habileté. Lors d'escarmouches aux abords du château, les hommes de Ieyasu tombèrent dans des pièges astucieusement conçus et subirent de sévères défaites, notamment des mains de Shigenari qui manœuvra adroitement et combattit vaillamment avec son détachement.

Le siège durait depuis plusieurs mois déjà. La garnison tenait tête à l'ennemi avec bravoure et son ardeur décuplait à chaque succès. Ieyasu, voyant qu'il lui serait impossible de prendre la forteresse par la force, ni d'affamer ses habitants, jugea qu'il était temps de « feindre » la paix. Ieyasu proposa, ou plutôt dicta, ses termes à Hideyori arguant une soi-disante médiation de l'empereur. La plupart des généraux fidèles à Hideyori, y compris son chef d'état-major Sanada Yukimura et Shigenari, s'opposèrent catégoriquement à un armistice : la situation actuelle restait favorable au triomphe de leur clan. Mais la tristement célèbre Dame Yodogimi, la mère de Hideyori et qui avait une grande influence sur son fils, fit pression de tout le poids de son autorité maternelle pour l'acceptation de ces termes. Il s'avéra par la suite qu'elle avait été elle-même persuadée par ses favoris licencieux et irréfléchis, las de l'inconfort inhérent à l'état de siège. En outre, la proposition émanait apparemment de l'empereur, et l'on ne pouvait raisonnablement pas mépriser une telle offre. Les assiégés se retrouvèrent par conséquent à cours de solutions, contraints d'accepter les conditions humiliantes du traité : Hideyori devait combler le fossé extérieur de son château, afin de prouver la sincérité de ses intentions de paix, et Ieyasu, en retour, devait lui céder les provinces de Kii et de Yamato.

On convint d'un jour pour la signature officielle du traité, et Shigenari fut nommé émissaire, au côté de Kori Shumenosuke.

Ieyasu avait demandé que l'on surveillât rigoureusement l'entrée de son camp. Désireux d'afficher son autorité devant les daimyos convoqués à la cérémonie, il ordonna secrètement à ses généraux les plus fiables de tout faire pour humilier les envoyés de Hideyori. Ses hommes n'avaient toujours pas digéré la série de défaites infligées par le camp adverse et n'étaient donc que trop heureux d'avoir enfin l'occasion de se venger en offensant ses représentants.

Shigenari et Shumenosuke arrivèrent à cheval, escortés par un petit groupe de quatre-vingts hommes environ. Alors qu'ils approchaient du camp de Todo Takatora, une sentinelle cria : « Halte, Messieurs ! Le camp de Son Altesse est tout près, il vous faut démonter ».

Shumenosuke tira sur ses rênes et était sur le point de descendre de cheval, quand son supérieur l'arrêta d'un geste. Regardant fièrement les sentinelles, il dit à haute voix : « Nous sommes Kimura Shigenari et Kori Shumenosuke, envoyés du Seigneur Toyotomi, Ministre de Droite. Aucun code de l'étiquette n'oblige un émissaire à démonter, même devant son égal en rang. Vous êtes un insolent ! Nous continuons ».

Shigenari chevaucha plus avant, suivi de son escorte. Lorsque les émissaires arrivèrent au camp du général Ii Naotaka, ses sentinelles exigèrent également qu'ils missent pied à terre. Donnant la même réponse que précédemment, Shigenari fit fi de leurs invectives, piqua son cheval et repartit sans perdre un instant. Au camp du seigneur Echigo, on essaya encore plus péremptoirement de forcer les étrangers à continuer à pied. Pris de colère, Shigenari protesta : « Quelle est la raison d'un tel comportement ? », cria-t-il. « À en juger par votre accueil, je conclus que le Seigneur Tokugawa a l'intention de mépriser le mandat impérial pour la paix. Et bien, il est inutile d'aller plus loin. Nous rentrons sans délai au château et rendrons compte à Notre Seigneur du traitement honteux que nous avons reçu ! »

À ces mots, il tourna bride, mais les hommes du seigneur Echigo, voyant qu'ils étaient allés trop loin, se confondirent en excuses et le prièrent de continuer sa mission. Enfin, les émissaires arrivèrent à l'entrée du camp où ils devaient rencontrer l'illustre ex-shogun. Là, ils démontèrent et pénétrèrent avec leurs sabres dans l'enceinte, mais deux huissiers les interceptèrent, en criant : « Vos armes doivent être laissées à l'entrée ! »

En aucun cas décontenancé, Shigenari rappela sévèrement : « La règle veut qu'un samouraï ne laisse jamais son sabre derrière lui quand il entre dans un camp ennemi, sous quelque prétexte que ce soit ».

Ceci étant un fait indiscutable, les huissiers ne purent en dire davantage, et les conduisirent donc armés à la tente spacieuse qui avait été préparée pour la cérémonie. Un grand nombre de daimyos occupaient déjà leur place sur les deux côtés de la pièce. D'une manière digne et composée, Shigenari rejoignit l'assemblée. Pas un instant impressionné par les regards hostiles, il s'assit à la place qui lui avait été désignée, en face et à une courte distance de l'estrade préparée pour Ieyasu. Shumenosuke suivit de près la conduite de son chef, et s'assit à côté de lui. Deux maîtres de cérémonie les informèrent que Son Altesse serait bientôt là.

« Et comme il est irrespectueux de porter le sabre en son auguste présence, vous voudrez bien les laisser dans l'antichambre ».

« Irrespectueux ! », tonna Shigenari dans un rugissement qui résonna dans la salle. « À qui croyez-vous vous adresser ? Rappelez-vous que nous sommes les honorables représentants du

Ministre de Droite ! Le manque de respect est de votre côté et si vous vous obstinez dans l'insolence, vous aurez à en répondre ».

Il regardait les deux fonctionnaires avec tant d'ardeur que ceux-ci se retirèrent avec consternation.

Peu de temps après, Ieyasu, accompagné d'une suite nombreuse, fit son apparition et avec solennité rejoignit son siège. Tous les daimyos s'inclinèrent profondément. Impressionné par l'attitude majestueuse de Ieyasu et l'atmosphère ambiante, Shumenosuke fit de même. Toutefois, Shigenari ne s'inclina point et regarda calmement l'ex-shogun droit dans les yeux.

« Je suis heureux de vous voir, Shigenari », déclara Ieyasu affable. « Je vous remercie de vous être déplacé pour cette importante mission. Votre père Hitachi-no-suke et moi étions des amis intimes. Je lui dois beaucoup ».

« Pardonnez-moi, Votre Altesse », répondit Shigenari, « mais aujourd'hui, je suis le messager du Ministre de Droite, et je ne peux en l'occurrence discuter des affaires privées ».

Bien que remis à sa place dès le premier échange, Ieyasu plein de tact ne montra pas la moindre trace d'embarras. Il tira un document d'une boîte et le remit à Shigenari par l'intermédiaire d'un serviteur.

« Veuillez vérifier, Shigenari ».

Shigenari lut attentivement le document qui était rédigé comme suit :

En conformité avec l'édit impérial, Ieyasu et Hideyori acceptent de faire la paix, avec pour seule condition que Hideyori comble le fossé extérieur de son château en gage de ses intentions pacifiques. Si l'un ou l'autre des partis concernés devait reprendre les armes, il serait alors déclaré coupable d'avoir désobéi au mandat impérial et jugé en conséquence.

Douzième mois, vingt-septième jour de la 19e année de Keichō.

Le visage de Shigenari s'assombrissait à mesure qu'il parcourait ces lignes. Quand il eut fini, il se redressa et s'écria avec indignation : « S'agit-il du traité de paix, Votre Altesse ? Si c'est le cas, alors vous avez déjà désobéi à l'ordre impérial... Dégainez ! »

Le sabre à la main, il semblait sur le point d'attaquer le vieil homme d'État. Toutes les personnes présentes bondirent et cherchèrent à intercepter l'éventuel coup d'estoc. Ieyasu, alarmé, leva les deux mains et invita le jeune homme à rejoindre son siège.

« Calmez-vous, je vous prie. La vieillesse m'a rendu distrait. Par erreur, je vous ai montré le mauvais parchemin ; voici le bon ».

Il produisit un second document et le tendit à Shigenari. Inutile de dire que Ieyasu avait imaginé ce piège et préparé lui-même deux manuscrits rédigés dans des termes différents. Si l'émissaire avait accepté le premier, dans lequel les conditions étaient à l'avantage des Tokugawa, il aurait gardé l'autre, où étaient énoncées les conditions réelles du traité. Shigenari avait donc éventé le stratagème. Il examinait maintenant le nouveau document :

VŒUX DE PAIX

Article 1. En conformité avec l'édit impérial, Ieyasu et Hideyori s'engagent à faire la paix, et à nouer des relations amicales.

Article 2. Hideyori doit combler le fossé extérieur de son château, et Ieyasu doit en retour lui céder les provinces de Kii et Yamato avant le premier mois de l'année prochaine.

Article 3. Immédiatement après la signature de ce traité, Ieyasu doit dissoudre son armée et se rendre en Yamato.

Article 4. Si l'un ou l'autre des partis concernés devait reprendre les armes, il serait déclaré coupable de désobéissance au commandement impérial et en conséquence puni par les dieux.

Douzième mois, vingt-septième jour de la 19e année de Keichō.

Shigenari lut le document attentivement, à plusieurs reprises.

« Cela est correct, Votre Altesse. Veuillez je vous prie apposer votre signature ainsi que votre sceau ».

Ieyasu s'exécuta. L'émissaire le reçut à son tour et l'enferma dans un sac en brocart fin. Puis, saluant avec courtoisie, il dit gravement, non sans une pointe de sarcasme : « Je me permets de congratuler Votre Altesse ». Puis se tournant vers l'assemblée des daimyos, il salua également en disant : « Je vous remercie de votre présence ». Recevant leurs salutations en retour, il s'inclina une fois de plus devant Ieyasu.

« Permettez-moi de prendre congé, Votre Altesse. Adieu, Votre Altesse et Vos Excellences ».

Il s'inclina de nouveau avec grâce et quitta la salle d'audience suivi de Shumenosuke. L'assemblée admira son port noble et son courage.

Hideyori respecta fidèlement sa part du traité, et le fossé extérieur qui avait constitué l'élément central de l'*inexpugnabilité* du château d'Osaka fut comblé et nivelé. Mais Ieyasu, qui n'avait jamais eu la moindre intention de respecter sa part du contrat, garda mainmise sur les provinces de Kii et Yamato, en dépit des nombreuses réclamations de Hideyori. Ainsi, au printemps de l'année suivante, les hostilités reprirent, et une grande armée commandée par Ieyasu assiégea une fois de plus le château.

La garnison opposa une résistance acharnée pendant quelques semaines, mais la forteresse était amputée de sa protection principale. En outre la discorde entre les généraux favoris de Dame Yodogimi et ceux fidèles à Hideyori prit des proportions considérables. Les assiégés furent sévèrement battus à plusieurs reprises et leur nombre se réduisit considérablement, au point qu'il sembla bientôt impossible de tenir le château beaucoup plus longtemps.

Une nuit, Sanada Yukimura, le chef d'état-major, rencontra Shigenari en secret.

« Le temps nous est compté », dit-il le visage sombre. « Nous devons planifier la fuite de Notre Seigneur hors des murs et le conduire dans un lieu sûr. Il pourrait se réfugier dans la province du Seigneur Shimazu. Avec son aide, nous saurons peut-être récupérer nos pertes et rétablir la puissance de notre clan. Certains d'entre nous doivent partir avec Notre Seigneur, mais pour faciliter notre fuite, l'ennemi doit croire que Hideyori et ses plus braves guerriers sont tombés, c'est pourquoi nous devons laisser derrière nous des doublures qui nous ressemblent de près ou de loin. L'ennemi découvrira les corps, croira que nous sommes morts et n'essayera donc pas de poursuivre plus avant. J'ai trouvé ma doublure, trouvez la vôtre. Je regrette qu'il soit nécessaire de sacrifier la vie de ces hommes, mais nous devons tous agir pour le futur du clan auquel nous avons juré allégeance. L'heure n'est plus aux considérations personnelles. Approuvez-vous mon plan ? »

« C'est une excellente idée », répondit Shigenari après réflexion. « Je l'approuve bien sûr. Toutefois, si tous les généraux expérimentés quittent le château, et même si des doublures les remplacent, le rusé Ieyasu soupçonnera quelque chose. Il me faut rester : j'ai rencontré Ieyasu et sa suite il y a peu, ils n'auront pas oublié mon visage. Ils ne seront pas dupes si un double porte mon armure. Par conséquent, je laisse l'escorte de Notre Seigneur et la restauration du clan entre vos mains et celles des autres généraux. Je resterai seul avec la garnison. Soyez assuré que nous combattrons jusqu'au dernier. Ma mort et votre vie sont tout autant nécessaires pour le bien de Notre Seigneur. Inutile de chercher à m'en dissuader. Je suis résolu ».

« Une volonté vraiment noble, mon ami », déclara Yukimura avec admiration. « Pourrais-je rester à vos côtés ? J'hésite à vous laisser seul et votre aide va nous manquer ; mais puisque vous êtes déterminé, loin de moi l'idée de vous en dissuader. L'ennemi sait très bien que vous êtes le favori de Notre Seigneur et que vous restez toujours à ses côtés, alors quand ils trouveront votre dépouille sur le champ de bataille, ils ne se douteront pas qu'il s'est échappé. Votre mort permettra de rétablir la puissance des Toyotomi. Sachez que je vous envie, cher ami ! »

« Alors, c'est décidé. Demain, je chargerai les lignes ennemies avec mes hommes afin de détourner leur attention, pendant que vous vous éclipserez par l'arrière ».

Après quelques mots d'adieu affectueux, les deux hommes se séparèrent finalement, sachant qu'ils ne se reverraient jamais.

Shigenari se retira dans sa chambre pour se reposer un peu, puis parla à sa jeune épouse avec sa bonne humeur habituelle.

« Demain, nos troupes vont faire une sortie qui anéantira une bonne fois pour toutes l'ennemi», commença-t-il. « En cette grande occasion, je tiens à porter l'armure que Mon Seigneur m'a gracieusement offerte l'année dernière ; je vous prie donc de me l'apporter ».

Lorsque la jeune femme revint, il prit le *kabuto*, puis brûla un encens très précieux appelé *ranjatai*. Shigenari tint le casque de façon à ce que la fumée montât en lui. Aoyagi, devinant à son air qu'il avait un motif solennel de procéder ainsi, sentit son cœur se serrer. « Vous avez l'intention de mourir au combat demain, n'est-ce pas, Mon Mari ? »

« Mourir au combat ? Pourquoi demandez-vous ? Un soldat ne prend-il pas toujours sa vie en main lorsqu'il va sur le champ de bataille ? »

« Oui, mais il y a une raison particulière qui me fait dire que vous mourrez demain. J'ai souvent entendu raconter qu'un guerrier brûle de l'encens dans son casque quand il est déterminé à mourir à la guerre. Je sais que le château tombera bientôt, et je suis sûre que vous pensez renoncer à votre vie dans la bataille de demain. Ne cherchez pas à me tromper. Je suis la fille d'un samouraï. Je ne vais pas vous laisser mourir tout seul ».

« Ma courageuse femme ! Pardonnez mon hésitation à vous révéler ma détermination. J'hésitais à vous mettre dans la confidence craignant justement que vous décidâtes cela ».

Il raconta ensuite à sa femme la conversation avec Sanada Yukimura et leur décision.

« Je donne ma vie pour Mon Seigneur », conclut-il, « mais ne soyez pas assez téméraire pour mourir avec moi. C'est mon souhait que vous viviez et priiez pour la prospérité de Notre Seigneur. Vivez pour lui. C'est ma dernière volonté ».

« Votre souhait est ma loi », répondit sa femme. « Je vous obéirai donc. Je sais que vous mourrez d'une mort glorieuse et que vous laisserez votre nom à la postérité éternelle ! »

Puis Aoyagi apporta du saké et deux coupes minuscules dans lesquelles ils burent à leur séparation. Cette cérémonie terminée, Aoyagi s'excusa et se retira dans ses appartements. Comme elle ne revenait pas, Shigenari s'étonnant de sa longue absence, alla la chercher. Mais à sa grande horreur et stupéfaction, il découvrit qu'elle s'était suicidée avec son *kaiken*. Un manuscrit expliquait son geste téméraire.

Mon cher Mari, pardonnez ma mort devant vous. Je voulais vous obéir, mais je ne pus m'y résoudre. Le célèbre guerrier chinois Kô-u, pourtant si brave, ne pouvant surmonter le chagrin de se séparer de sa femme, hésita honteusement avant d'aller au dernier combat. Dans notre pays, Kiso Yoshinaka fut frappé de la même faiblesse. Pas un instant, je ne vous compare à ces hommes, mais je pense que moi, qui vais vous perdre, n'ai plus d'espoir en ce monde. Il vaut mieux mourir maintenant avant que vous ne sortiez pour votre dernière bataille. Je pars vous attendre au Yomi. Faites de votre mieux contre l'ennemi ! Nous nous reverrons dans le monde des esprits . Adieu.

Aoyagi

Le matin suivant, le temps était clair, sans nuages. C'était le premier jour du cinquième mois de la vingtième année de Keichō (1615). Une large division sous le commandement de Ii Naotaka s'avança et attaqua soudainement le château. Shigenari sortit à leur rencontre à la tête de sept cents cavaliers ; la lutte fut acharnée. L'armée commandée par Shigenari, bien que nettement inférieure en nombre, repoussait l'ennemi avec la force du désespoir. Seulement, lorsqu'un régiment adverse tombait, un autre puis encore un autre venait le remplacer : une victoire des assiégés paraissait impossible.

« Nous devons tailler notre chemin dans le régiment principal », cria Shigenari pendant une courte pause à son fidèle serviteur Ryôkan, autrefois connu sous le patronyme de « prêtre du thé ». « Si l'on arrive à tuer Ii Naotaka, leur général, l'ennemi sera découragé et la chance pourrait tourner ».

Alors, inspiré par la vaillance de leur chef, ce qui restait de la garnison se rua sur l'ennemi. Incapable de contenir une telle furie, les quatrième et cinquième régiments des Tokugawa se débandèrent de façon chaotique. La déroute générale semblait confirmée. Seul Ii resta sur ses positions. Brandissant son *saihai* [41], il hurla d'une voix de stentor : « Lâches !

---

41. Bâton de commandement.

Vous fuyez devant une clique insignifiante ? Tous derrière moi, ce jour est nôtre ! »

Ses paroles firent effet instantanément. Ses troupes se rallièrent et combattirent avec vaillance. Voyant cela, Shigenari sourit tristement.

« Il est temps de fendre ces lignes, tuer Ii... Et puis mourir ».

Éperonnant son cheval, il s'élança rapide comme l'éclair ; son *kabuto* brillait et son armure étincelait au soleil. Ryôkan suivait de près avec un lourd *tetsubō* [42], le reste de la bande tranchait et taillait son chemin à travers les rangs. Le choc fut si violent que les hommes de Ii vacillèrent à nouveau. À ce moment critique Seki Jurozaemon, un samouraï connu pour sa force incommensurable, fit irruption et frappa Shigenari avec un immense *naginata* [43]. Cependant, le *yari* [44] de Shigenari transperça le plastron de son assaillant et Jurozaemon tomba mort de son cheval. Les soldats d'Ii étaient pris de panique et aucun n'osait s'opposer à Shigenari qui continuait de s'enfoncer dans les rangs. Il atteignit finalement Ii Naotaka. Ii ne faisait pas le poids face à son adversaire ; il était sur le point de perdre la vie quand Fujita Noto-no-Kami s'interposa. Furieux de cette intervention, Shigenari se retourna et renversa Fujita d'un seul coup de lance ; mais pendant ce temps Ii avait réussi à se replier.

Regardant en arrière, Shigenari vit que presque tous ses hommes étaient tombés dans la mêlée.

---

42. Masse ou barre de fer.

43. Sabre monté sur une hampe ; cousin japonais de la vouge.

44. Lance.

Grièvement blessé, et affaibli par la perte de sang, Il réalisa qu'il ne pourrait rien faire de plus. Il descendit de cheval sans être vu et se retira dans un petit bosquet à l'écart. Un soldat de rang inférieur, appartenant au camp d'Ii et qui se cachait derrière les arbres, le remarqua.

Shigenari était tenu dans une telle estime que même dans cet état de faiblesse extrême, il inspirait toujours autant de crainte et d'effroi. Le lâche n'osa pas l'attaquer de front : comme le héros blessé demeurait haletant sur le sol, il se glissa doucement derrière lui et voulut lui porter un coup à la tête. Mais Shigenari entendit le léger bruissement de sa démarche et se retourna, après quoi le malheureux se sauva. Shigenari le rappela : « Ami, qui que vous soyez, venez ici et prenez ma tête ».

Mais l'homme, craignant quelque piège, hésitait à obéir.

« Lâche ! », s'écria le guerrier mourant. « Vous n'avez rien à craindre de moi. Prenez ma tête, mais je vous en conjure : ne retirez pas le casque jusqu'à ce que vous l'ayez présentée à votre maître Ieyasu. Je suis impatient... Tranchez-moi la tête, je vous dis ».

Comme il parlait, Shigenari releva le *shikoro* [45] de son casque et tendit le cou. Le poltron se glissa derrière lui et abattit son sabre. Puis retrouvant courage, il souleva le trophée sanguinolent en criant du plus profond de sa voix : « Moi, Ando Chozaburo, ai pris seul la tête de Nagato-no-Kami Shigenari, le guerrier le plus célèbre de l'armée d'Osaka ! »

---

45. Les plaques amovibles du kabuto qui protègent la nuque.

Cette funetse vantance parvint jusqu'aux oreilles d'un homme couvert de sang et qui bataillait encore dans le fort de la mêlée. C'était Ryôkan.

« Mon Seigneur, Nagato-no-Kami, n'était pas homme à tomber sous les coups d'une mauviette du rang d'Ando ! », rugit-il aussi fort que ses forces défaillantes le lui permettaient. « Mon Seigneur avait sans doute une raison pour se laisser couper la tête. Rappelez-vous bien cela, ô ennemis ! »

Sur ce, il se poignarda à l'abdomen et expira.

Après la bataille, la tête de Shigenari enfermée dans son casque fut portée à Ieyasu pour inspection. Ce dernier ôta le casque et sentit alors la bonne odeur de l'encens qui s'élevait dans l'air. Le vieil homme regarda les nobles traits avec une admiration respectueuse. « Jamais il n'y eut samouraï plus fidèle et courageux que Nagato-no-Kami », déclara-t-il lentement. « Si j'en avais d'autres comme lui... »

La tentative d'évasion se révéla finalement un échec. Le huitième jour du cinquième mois, les assiégeants encerclèrent une fois de plus le château, et il s'ensuivit une des plus sanglantes luttes de l'histoire du Japon. La faction de Hideyori fut anéantie et le château détruit dans un incendie. Le noble infortuné, sa mère et toutes les demoiselles d'honneur périrent dans les flammes.

Honnête Kyusuke

Gonzaemon, chef du village de Tama dans la province de Kozuke, et dont la famille avait connu de génération en génération une grande fortune, employait un certain nombre de valets. Parmi ces derniers se trouvait un dénommé Kyusuke. Il avait été embauché sur les recommandations d'un paysan de la région : on disait de Kyusuke qu'il était d'une probité sans faille.

Bien qu'il fût très jeune, à la différence des autres serviteurs, il travaillait très dur et s'acquittait de toutes ses tâches, aussi bien sous le regard de son maître que lorsque personne ne l'observait. Gonzaemon considérait Kyusuke comme une excellente acquisition et se piqua finalement d'un vif intérêt pour lui.

Un jour, il convoqua le garçon dans sa chambre et lui dit : « Kyusuke, je suis heureux de voir que vous travaillez toujours avec diligence. Toutefois, je serais encore plus heureux si vous arrêtiez votre service à une heure moins tardive de la soirée et alliez au lit en même temps que vos compagnons. Si vous continuez à être beaucoup plus laborieux qu'eux, certains vont s'en plaindre ».

« Mon bon Maître », répondit le jeune homme, « je ne souhaite pas vous désobéir, mais j'ai le regret d'avouer qu'il m'est impossible de me coucher avant neuf heures du soir ».

« Vous m'étonnez », déclara Gonzaemon, « mais au moins pourriez-vous m'obliger en restant au lit le matin jusqu'à l'heure habituelle de se lever ».

« Mon bon Maître », répondit une fois encore Kyusuke, « je suis profondément désolé de vous déplaire si souvent ; je suis un cas désespéré. Pour être franc avec vous, il m'est impossible de rester au lit après sept heures du matin ».

Il est important de rappeler ici que, selon l'ancienne façon de compter les heures, neuf heures du soir équivalait à minuit et sept heures du matin signifiait en fait quatre heures : Kyusuke ne dormait donc jamais plus de quatre heures par nuit, et son maître en apprenant cela, sembla très surpris.

« Vous êtes merveilleux ! », s'exclama-t-il. « Il est rare que l'on ait à son service des jeunes gens passionnés par le travail ! Comme je suis heureux de trouver en vous une telle exception. J'espère que vous ne prenez pas mal ma suggestion, mais c'est nécessaire afin que vos compagnons ne souffrent pas des conséquences de votre zèle au travail ».

« Je demande humblement pardon pour oser désobéir à vos ordres », dit le jeune homme avec respect.

« Nul besoin de me demander pardon... Vous me mettez néanmoins dans une position inconfortable... »

Après avoir réfléchi quelques instants tandis que le valet attendait silencieusement ses ordres, Gonzaemon reprit : « Et bien, Kyusuke, j'ai une suggestion à vous faire. Vous savez que vous êtes votre propre maître pendant que vos compagnons de service dorment. Je ne veux pas que vous travailliez pour moi pendant ces heures ; donc, si vous ne souhaitez pas vous reposer, employez ce temps à fabriquer des *waraji* [46] pour votre propre profit. Je

---

46. Sandales de paille.

veillerai à ce que l'on vous fournisse suffisamment de paille ».

« Mon bon Maître, vous êtes trop aimable ; mais je crains qu'il ne soit pas moral qu'un serviteur puisse utiliser une partie de son temps de travail pour son profit personnel ».

Kyusuke avait rejeté une fois de plus les bonnes intentions de son maître. Gonzaemon fut frappé de sa fidélité.

« Si vous persistez à décliner toutes mes propositions, je ne vais bientôt plus savoir que faire de vous », répliqua-t-il. « Je vous prie d'accepter cette fois-ci ».

Kyusuke ne pouvait refuser une quatrième fois. Il consentit donc à mettre son temps libre à profit. Désormais, tôt le matin et tard le soir il se consacrait à la confection de *waraji* qu'il vendait à un quincailler du village, ce qui lui procurait un revenu modeste mais régulier. Chaque sen [47] amassé était confié à la garde de son maître. Bientôt, le zèle du jeune serviteur devint fameux, et les gens du pays commencèrent à encourager son industrie en achetant toujours de préférence des « Waraji Kyusuke ». Tout cela arrangeait naturellement le quincaillier qui harcelait continuellement Kyusuke pour qu'il tressât toujours plus de sandales.

Gonzaemon, heureux de la réussite de son plan, décida de prêter cet argent afin d'en récolter les intérêts. Trouver des emprunteurs s'avéra facile, car les gens croyaient alors que tout ce que touchait l'honnête serviteur portait bonheur : ils n'étaient

---

47. Centime de yen.

donc que trop heureux de recevoir en prêts les deniers de ses économies.

Huit années s'écoulèrent ainsi. Kyusuke travaillait toujours comme serviteur dans la maison de Gonzaemon. Un jour, ce dernier appela le jeune homme et lui fit ce discours : « Mon cher Kyusuke, le proverbe dit : "Le temps file comme une flèche", et le proverbe dit vrai. Huit ans ont passé depuis que j'ai eu le bonheur de vous prendre à mon service. Vous n'avez jamais gaspillé votre salaire comme les autres serviteurs le font. Mise à part une certaine somme pour vos petites dépenses personnelles, vous avez régulièrement confié à mes soins tout ce que vous avez gagné. J'aurais certainement fait figure de bien mauvais banquier si je n'avais pas cherché un investissement rentable pour vos dépôts. Toutes ces années, j'ai prêté votre argent à un taux modéré, et il est surprenant de voir à combien votre capital s'élève aujourd'hui... Voici ! Votre épargne avec intérêts et intérêts composés atteint désormais la somme de cent *ryō* [48] ! Maintenant, que comptez-vous faire avec tout cet argent ? »

« Mon bon Maître », s'enquit Kyusuke désarçonné à l'idée d'une telle richesse, « vous plaisantez ?! »

« Pas du tout. Il en est comme je dis. Allez-vous continuer à le prêter, ou préférez-vous en disposer d'une autre manière ? C'est à vous de décider ».

« Cent *ryō* ! », haleta Kyusuke. « Avez-vous vraiment dit cent *ryō* ? »

« Cent *ryō* », répondit son maître en souriant.

« C'est incroyable ! »

---

48. 100 ryō = 100 pièces d'or.

« C'est le fruit de votre labeur », déclara Gonzaemon. « Maintenant, dites-moi ce que vous comptez en faire ».

Kyusuke réfléchit longuement. Finalement, il déclara : « Mon bon Maître, si vous ne jugez pas que cela équivaille à prendre une liberté impardonnable, j'aimerais bien emporter cet argent et rendre visite à mon village natal au printemps prochain ».

« Mais bien entendu », rassura Gonzaemon. « Connaissez-vous un bon investissement dans votre ville natale ? »

« Non », répondit Kyusuke sans tarder, « mais vous comprendrez mieux si je vous parle un peu de ma famille. Excusez la liberté que je prends de vous importuner avec mes affaires personnelles. Je suis le deuxième fils d'un paysan, Kyuzaemon est son nom. Il vit dans le village de Shimo-Ogita, près de Nanao, dans la province de Noto. Mon frère aîné, après avoir mené une vie dissipée causant la détresse de ses parents, a tout à coup quitté la maison et n'a jamais donné signe de vie depuis. Ma mère est morte peu de temps après, et mon père a épousé une veuve ayant une fille. Ma belle-mère s'est mise en tête depuis d'adopter un fils et de le marier à sa fille afin qu'il succède à mon père comme chef de famille. Moi, elle me déteste. Elle me traitait si méchamment que je fus bientôt convaincu qu'il valait mieux, pour le bonheur de tous, que je quittât la maison. Alors un jour, je me suis secrètement enfui, en laissant toutefois une lettre d'excuse derrière moi. Au début, j'ai vécu des temps assez difficiles ; mais depuis que j'ai eu la chance de devenir votre serviteur, je n'ai plus à me plaindre. Je ne pourrai jamais assez vous remercier de votre gentillesse ».

Kyusuke fit une pause et s'inclina, des larmes plein les yeux. Mais maîtrisant son émotion, il reprit : « Une centaine de *ryō*... Je n'ai jamais possédé une telle somme d'argent. Je dois tout à votre bonté. Comment puis-je vous remercier ? Il me faut faire bon usage de votre don ; car je considère en effet tout ceci comme votre faveur. Je retournerai chez mon père et avec cet argent je lui achèterai des rizières. En outre, si ma belle-sœur est encore célibataire, je lui trouverai un mari convenable. Ayant fait cela, et permis à ma famille qu'elle ne soit plus en danger d'extinction, je reviendrai à vous en toute hâte et vous prierai d'accepter mon service fidèle à vie. J'entends ainsi, même si la mesure reste infime, acquitter tout ce que vous avez fait pour moi ».

Gonzaemon fut très touché.

« Kyusuke, vous êtes un brave garçon, un bon fils et un serviteur fidèle. J'admire votre intention louable. "Retourne à ton ancienne maison avec splendeur", dit un vieux proverbe. Vous devez rentrer chez vous dans toute votre splendeur, Kyusuke. Je fais vous fournir les vêtements que vous porterez à ce moment là, et je veillerai aussi à ce que vous ayez des cadeaux appropriés pour tous les membres de votre famille ».

La conversation prit fin et Kyusuke se retira pour vaquer à ses occupations habituelles.

Au début de l'année suivante, Gonzaemon, conformément à sa parole, fit préparer tous les vêtements nécessaires afin que Kyusuke fasse bonne impression dans son village natal, ainsi que des cadeaux pour chaque membre de sa famille. En outre, il offrit au jeune homme un *tantō* pour se protéger durant son voyage, ainsi que dix *ryō* pour ses frais de déplacement, et cinq *ryō* comme cadeau d'adieu. Concernant le pécule de son serviteur, il dit : « Maintenant, mon cher Kyusuke, vous feriez mieux de ne pas emporter cette importante somme en espèces, de peur que vous vous fassiez détrousser en route. Je vous conseille de l'envoyer par mandat ».

« Mon bon Maître », répondit Kyusuke, « c'est tout à fait inutile. Qui se douterait qu'un homme de ma condition ait tant l'argent sur lui et tenterait de le voler ? Mes économies seront tout à fait en sécurité dans mes vêtements ».

« Mais vous pourriez aussi les perdre d'une autre manière », insista Gonzaemon. « Vous devriez suivre mon conseil. On n'est jamais assez sur ses gardes lorsque l'on voyage ».

Kyusuke se mit à rire. « Ne vous inquiétez pas pour moi. Je ferai attention ».

« Comme il vous plaira. Souvenez-vous quand même de ceci : lorsque vous vous déplacerez, ayez toujours pour règle de vous mettre en chemin en fin de matinée et de vous arrêtez en début de soirée. Surtout, ne prenez pas de compagnon de route, et ne parlez jamais de vos affaires ».

« Je garderai à l'esprit ce que vous dites, et suivrai très certainement vos conseils », déclara Kyusuke. « Mille mercis pour toutes vos faveurs, bon Maître.

Je n'oublierai jamais tout ce que je vous dois ».

Après un échange de mots affectueux, Kyusuke et Gonzaemon se séparèrent et le jeune homme se mit en route. Malheureusement, une fois sur le chemin, le bon fils trop désireux de revoir une fois de plus le village de ses ancêtres, fut assez imprudent pour voyager dès les premières lueurs du jour et jusque tard dans la nuit. Un soir, alors qu'il cheminait dans la région de Oiwake, dans la province de Shinano, il se perdit dans l'obscurité. Après une longue marche de cinq ou six *ri* [49], il se retrouva au beau milieu d'une vaste lande sans trace de vie humaine.

« Que vais-je faire ? », se demanda-t-il. « Je crains d'avoir été trop téméraire. Si j'avais suivi les conseils de mon maître je ne serais pas dans cette situation. Je n'ai que ce que je mérite ».

Kyusuke continua d'avancer, et fut soulagé d'apercevoir finalement une lueur à l'horizon. Il arriva bientôt à une maison délabrée, seule habitation à plusieurs lieues à la ronde. Kyusuke s'en approcha et demanda asile.

« Soyez assez bon pour accueillir un inconnu ! Je suis vraiment désolé de vous déranger à cette heure tardive, mais j'ai perdu mon chemin. S'il vous plaît laissez-moi entrer et dites-moi comment me rendre à l'auberge la plus proche ».

La porte s'ouvrit et une femme apparut. Elle avait une trentaine d'années, était mal habillée et sa coiffure était d'un style négligé ; mais il y avait quelque chose dans sa personne qui semblait en contradiction avec l'idée que sa naissance fût aussi

---

49. Environ 24 kilomètres.

basse que les environs.

« Entrez », dit-elle, « mais vous ne pouvez pas rester. Je suis vraiment désolée. Vous vous trouvez au milieu des landes de Shinano. Quelle que soit la direction que vous prendrez, vous devrez marcher environ cinq *ri* avant d'arriver à une autre habitation ».

Kyusuke était très fatigué. Il demanda à la femme de lui donner le gîte pour la nuit, mais elle secoua la tête.

« Pourquoi êtes-vous venu ici ? »

« Je vous l'ai dit, j'ai perdu mon chemin et j'ai vu votre lumière. Vous ne pouvez pas être inhumaine au point de refuser de m'abriter pendant quelques heures ; je ne demande pas plus ».

« Vous n'aurez plus envie de rester quand je vous aurai dit que vous vous trouvez dans la maison d'un voleur, un bandit de grand chemin ».

« Un voleur ! » Pensant à son trésor, Kyusuke paniqua. « Excusez-moi, je dois m'en aller sur le champ ».

« N'allez-vous pas vous reposer quelques instants ? »

« En aucune façon. Comment puis-je m'asseoir dans ce que je sais maintenant être la hutte d'un bandit ? Permettez-moi de vous dire bonsoir, je suis votre obligé ». Kyusuke était sur le point de sortir, quand la femme l'arrêta.

« Mon bon voyageur, je dois vous dire que vous êtes entouré de dangers, dans toutes les directions. Après tout, je pense que le plus sûr pour vous serait de rester ici pour la nuit ; je vais vous cacher de mon mari. Il ne rentrera pas avant un certain temps ».

Comme les manières et le discours de la femme inspiraient confiance, Kyusuke jugea prudent de suivre ses conseils. Il ôta le *sugegasa*[50] qu'il portait comme protection contre le soleil et la pluie, et s'assit sur le plancher de la cuisine, heureux de pouvoir enfin reposer ses membres fatigués. La femme prépara à la hâte un souper simple qu'il mangea avec appétit, mais dans la précipitation car il craignait le retour du voleur. La femme l'escorta alors vers le hangar à bois à l'arrière de la maison et dit : « Vous seriez en grand danger si mon mari venait à vous découvrir. Tenez-vous caché dans cet abri, sans vous préoccuper du manque de confort. En général, dès que le jour se lève, mon mari sort. Je vous laisserai partir et vous pourrez alors poursuivre votre voyage en toute sécurité ».

Kyusuke la remercia chaleureusement.

Il aménagea sa cachette avec autant de confort que faire se pouvait, vu les circonstances. Mais à peine avait-il eu le temps de s'installer parmi les fagots qu'il entendit un bruit qui fit bondir son cœur.

« O-Nami, je suis de retour ! »

« Oh, c'est vous, enfin ? », accueillit la femme.

« Comme il fait froid. Maudits soient ces vents qui descendent du mont Asama... O-Nami ! »

« Oui, qu' y a-t-il ? »

« À qui appartient ce chapeau ? »

« Un chapeau ? Quel chapeau ? »

« Allons, assez de tergiversations. Il y a un drôle de chapeau sur le plancher, et tu sais à qui il est.

---

50. Grand chapeau de bambou.

Crache le morceau ! Je n'aime pas cette façon sournoise que tu as de me dissimuler des choses. Tu caches quelqu'un dans cette maison ! »

« Bien sûr que non ! Pourquoi voudrais-je cacher qui que ce soit ? »

« Alors, comment ce *sugegasa* est-il arrivé ici ? Tu veux me faire croire que le vent l'a poussé jusque dans la maison, alors que cette cahute est la seule habitation à dix lieues à la ronde ? Viens, femme, parle ! »

Il y eut un bruit sec, puis des cris.

« Parle ou tu es une femme morte ».

Kyusuke, caché parmi les fagots, ne pouvait qu'imaginer la scène. « C'est terrible », pensa-t-il. « Comment ai-je pu être sot au point d'oublier mon chapeau ! Cela va coûter la vie à cette femme ! »

Le tohu-bohu dans la maison empirait ; les cris de la pauvre femme se mêlaient aux menaces de son mari furieux. Kyusuke sortit de sa cachette et regarda prudemment à travers une fente de la porte. À sa grande horreur, il vit l'homme traîner d'une main son épouse par les cheveux, tandis qu'il la frappait de l'autre. Kyusuke oubliant ses propres peurs, fit irruption dans la pièce.

« Monsieur, Monsieur, tout l'argent que j'ai sur moi vous appartient ! Votre femme n'est pas à blâmer ; épargnez-la ».

« Qui parle ? »

Le bandit furibond refréna sa colère un moment et le regarda avec étonnement. Profitant de l'accalmie, Kyusuke exhiba rapidement ses cent *ryō*, plus ce qui restait de l'argent donné par son maître pour le voyage, ainsi que les petits cadeaux.

« Voilà mon bon Monsieur, prenez tout ; je n'ai plus rien. Ne punissez pas votre femme pour sa bonne action. Je suis le seul à blâmer ».

Le bandit ne s'occupa plus de sa femme et la laissa sangloter sur le sol. Il agrippa de ses mains avides le pécule offert par le voyageur. Non content de prendre l'argent, il exigea froidement tous les vêtements que portait le jeune homme et s'empara également du *tantō*. Pauvre Kyusuke ! Le fruit de huit années de labeur venait de disparaître dans les poches d'un vilain maraudeur.

« Par pitié, rendez-moi mes vêtements, je ne peux aller nulle part dans cet état », plaida Kyusuke. « Et mon *tantō* ! J'en ai besoin pour me défendre de messieurs comme vous ; même si je n'ai plus rien à me faire voler maintenant », ajouta-t-il avec regret.

« Prends ça », dit le voleur en lui jetant un vêtement ouaté et sa ceinture, aussi usés l'un que l'autre.

« Je vous remercie beaucoup, mais mon poignard... »

« Je le trouve moi-même fort utile ».

« Mais sans lui, je serai à la merci de n'importe quel chien sur le chemin... »

« Quel homme ennuyant tu fais ! Mais nul ne pourra dire que je t'ai laissé sans moyens de défense. Tiens, prends ça et va-t'en ! »

Le voleur extirpa d'une armoire un vieux sabre sans doute bien mal acquis et le tendit à Kyusuke, en ajoutant : « Après avoir quitté cette maison continue tout droit jusqu'à ce que tu arrives sur une large route ; suis-la en tournant toujours vers le nord et en temps voulu, tu arriveras à Oiwake. Maintenant, du balai ! »

« Encore une fois, mille mercis », déclara Kyusuke en s'inclinant. Puis se tournant vers la pauvre femme, il dit à voix basse : « Je suis vraiment désolé de vous avoir causé tout ce mal, pardonnez-moi ».

« Non, non, c'est moi qui suis à blâmer, j'ai essayé de faire pour le mieux, mais... »

« Trêve de babillages ! », s'écria le voleur avec impatience. « Voici une torche pour éclairer ton chemin ; déguerpis avant que je ne change d'avis ».

« Dans ce cas, bons Maître et Maîtresse, je vous fais mes adieux ».

Kyusuke accepta le flambeau qu'on lui tendait et se sauva. Mais le destin semblait s'acharner sur lui, car à peine était-il sorti que la pluie éteignit son flambeau, de sorte qu'il fût de nouveau plongé dans l'obscurité totale.

En réalité ce malheur lui sauva la vie, car le voleur avait donné la torche à Kyusuke dans le seul but de servir une intention diabolique : il comptait abattre le voyageur dès qu'il aurait le dos tourné. Certes, il aurait pu s'en débarrasser avant qu'il n'eût quitté la maison, mais sa femme se serait certainement interposée. De plus, il répugnait à trahir le pauvre diable et à l'assassiner au moment où celui-ci lui remettait si généreusement tout ce qu'il possédait. Tout méchant qu'il était, il ne pouvait s'abaisser à une conduite aussi abjecte. Néanmoins, dès que Kyusuke eut fermé la porte, le voleur, arquebuse à la main, l'ouvrit de nouveau doucement et sortit avec l'intention de viser la lumière du flambeau. Mais, hélas pour lui, et heureusement pour sa victime, la pluie avait éteint la torche. Il retourna à l'intérieur en murmurant : « Chien chanceux... », et laissa Kyusuke continuer son chemin.

En arrivant à Oiwake, Kyusuke poussa un long soupir et se félicita de s'en être échappé sain et sauf. Il ne savait toutefois pas à quel point cela n'avait tenu qu'à un fil... Il abandonna finalement son idée de visiter son cher village natal, et décida de retourner chez son maître. Il dut mendier en chemin comme il n'avait plus d'argent pour payer même les tarifs les plus dérisoires.

Gonzaemon le reçut avec amabilité, mais après avoir entendu les détails de son aventure, il ne put s'empêcher de dire : « Ne vous avais-je pas mis en garde ? Si vous aviez fait un mandat pour l'argent comme je vous le conseillais, tout cela ne serait jamais arrivé. Mais il est trop tard pour se lamenter maintenant. Vous avez de la chance de n'avoir perdu que votre bien ; vous auriez pu tout aussi bien perdre la vie. Ne cédez pas au désespoir ; reposez-vous pendant quelques jours, puis remettez-vous au travail ».

Tout en admonestant Kyusuke, Gonzaemon prit en main le sabre du voleur. La tresse en soie autour de la poignée était usée et s'en détachait. Il essaya de dégainer, mais le *habaki* [51] à la base de la lame devait être tellement rouillé que le sabre restait

---

51. Pièce métallique servant à verrouiller le sabre dans le fourreau afin d'éviter qu'il ne tombe.

bloqué dans le *saya*. Son œil fut alors attiré par les *menuki*[52] dont il fut convaincu qu'ils n'étaient pas en laiton : l'arme avait peut-être plus de valeur qu'il n'y paraissait. Il fit examiner le sabre par un antiquaire du nom de Kichibei et lui demanda son opinion. Gonzaemon prétendit que l'arme appartenait à l'un de ses amis qui souhaitait la revendre au meilleur prix. Kichibei, avec une aisance acquise après de longues années de pratique, retira la lame de son fourreau. Il en scruta consciencieusement la surface, et déclara : « Ce sabre est d'une grande valeur. La lame est tellement rouillée que je ne puis rien en dire de certain, mais l'ornementation est sans aucun doute en or massif, et qui plus est gravée par Gotô. Le *tsuba*[53] est une pièce signée Nobuie qui vaut à elle seule au moins trente-cinq *ryō*. Je suis prêt à donner cent trente *ryō* pour les pièces décoratives seules ».

Cela dépassait largement les attentes de Gonzaemon. Il congédia l'antiquaire, prétextant qu'il souhaitait consulter son ami d'abord, puis il rapporta à Kyusuke ce qu'il avait appris.

Kyusuke en resta bouche bée. Gonzaemon, cependant, encouragé par l'opinion de Kichibei, pensa qu'un expert dans la capitale pourrait évaluer la lame avec plus de précision et qu'il serait peut-être plus en mesure d'en offrir un bon prix. Un sabre monté avec des ornements si raffinés ne pouvait manquer d'être bon. Il décida de se rendre lui-même à Edo et de faire du mieux qu'il pourrait

---

52. Ornement de part et d'autre de la poignée.

53. La garde du sabre.

pour son fidèle serviteur.

Une fois arrivé à Edo, il présenta la lame à Honami, le plus habile des experts en matière de sabre. Honami révéla que elle était l'œuvre incontestable de Bizen Nagamitsu, l'un des dix disciples de Masamune, bien que son nom ne soit pas gravé sur le *nakago*[54]. Par conséquent, il proposa de racheter le sabre pour plus de huit cents *ryō*, une offre que Gonzaemon fut plus que ravi d'accepter.

Une fois l'affaire conclue, il rentra chez lui en toute hâte et fit un compte rendu de la transaction à un Kyusuke pantois. Il posa l'argent devant lui, puis conclut par ces mots : « Mon cher Kyusuke, voyez combien il est avantageux d'être toujours honnête ! Votre malheur s'est avéré une bénédiction déguisée. Le Ciel en approbation de votre conduite vertueuse a daigné vous accorder cette grande faveur. Comme nous devrions être reconnaissants ! Maintenant retournez chez vous au plus vite, mais cette fois, suivez mon conseil et n'emportez pas une telle somme en espèces ».

Dès que Kyusuke se fut remis de sa surprise, il salua respectueusement son maître, et parla en ces termes : « Mon bon Maître, je vous suis à tout jamais redevable ! Je n'ai pas de mots pour exprimer mes sentiments. Mais loin de moi l'idée de m'approprier une telle somme d'argent. J'hésite à vous déplaire, mais je considère comme miens seulement les cent *ryō* laissés au voleur. Cette somme, je vais l'envoyer chez moi par mandat comme vous me l'aviez conseillé. Quant au reste, après avoir déduit les frais

---

54. La soie de la lame.

de votre voyage à Edo, je rendrai tout au voleur. Ce sabre lui appartenait et je répugne à m'enrichir au détriment d'un pauvre larron de grand chemin ».

Gonzaemon fut frappé d'admiration par la conduite désintéressée de son serviteur. « Mon cher », dit-il chaleureusement, « votre honnêteté me rend penaud. Cependant, vous ne devriez pas risquer inutilement votre vie dans une telle entreprise. En ce qui concerne mon voyage à Edo, cela demeure purement mon affaire et vous n'avez pas à vous en préoccuper. Mais considérez avant d'agir imprudemment que vous allez vous mettre à nouveau entre les mains d'un homme désespéré ».

Mais Kyusuke était honnête et obstiné : « Loin de moi l'idée d'aller à l'encontre de vos désirs », commença-t-il respectueusement, « mais pour cette fois-ci, je vous prie de me laisser faire. Même s'il semble bien méchant, le voleur ne voudra sûrement pas nuire à un homme qui lui apporte une bonne nouvelle. Il ne devrait pas y avoir de danger ».

Gonzaemon, sachant par expérience que discuter ne servirait à rien, autorisa à contrecœur son serviteur à reprendre la route. Après avoir envoyé cent *ryō* à son père par mandat, Kyusuke rassembla les sept cents *ryō* restants dans une bourse qu'il cacha contre son sein, et une fois de plus prit la direction d'Oiwake.

Il trouva sans errer la cabane du bandit. Le jeune homme se présenta et la porte s'entrebâilla, révélant cette fois encore la bienveillante maîtresse de maison. Kyusuke s'inclina, et la remercia poliment des faveurs qu'il avait reçu la fois d'avant. La femme fut visiblement surprise, mais contrôlant ses émotions, elle dit : « Mon bon voyageur, je ne sais comment m'excuser pour ce qui s'est passé l'autre jour. Or, vous voilà de nouveau ?! Je serais encore plus affligée si vous vous faisiez détrousser une seconde fois. Heureusement pour vous, et même si cela me désole, mon mari est au lit, malade. S'il vous plaît retournez en toute hâte d'où vous venez ».

Bon cœur, Kyusuke fut pris de compassion pour le malade et sa femme.

« Je sympathise avec vos malheurs. Permettez-moi tout de même de lui présenter mes hommages et de m'enquérir de sa santé ».

« Non, non, Monsieur ! Il est certes souffrant, mais son avarice peut se réveiller à tout instant. Il risque de vous redemander tout ce que vous possédez, et vous en serez encore incommodé ».

« Soyez tranquille sur ce point, car je suis ici pour lui apporter de l'argent ».

« Que voulez-vous dire ? »

« Vous êtes naturellement surprise. Permettez-moi d'entrer et vous comprendrez. Je dois voir votre mari ».

À contrecœur la femme le laissa franchir le seuil. Kyusuke se dirigea vers la pièce intérieure où le malade était couché gémissant ; il le salua poliment et s'enquit : « Mon ami, comment allez-vous ? »

« C'est le voyageur que vous avez si mal traité il y a peu », expliqua la femme voyant que son mari ne reconnaissait pas le visiteur.

« Lequel ? », demanda le brigand avec aigreur.

« Monsieur, c'est moi. Je ne sais comment vous

rétribuer pour la gentillesse dont vous m'avez fait montre l'autre jour. Mais dès à présent, je dois vous dire ce qui m'amène ici ».

Kyusuke informa alors le voleur de la valeur du sabre, posa la bourse sur le lit, puis conclut : « Sur l'argent reçu de la vente du sabre, j'ai déduit cent *ryō* que vous me deviez, et que j'ai envoyé à ma maison familiale par mandat. Tout le reste je l'ai amené avec moi et se trouve dans cette bourse, à l'exception d'une petite somme d'argent car j'ai pris la liberté d'en garder un peu pour couvrir mes frais de déplacement. Je n'ai d'ailleurs pas assez pour me rentrer chez moi dans la province de Noto, puis retourner chez mon maître à Tama, dans la province de Kozuke. Je vous saurais donc bon gré si vous acceptiez de me donner un peu plus. Tout le reste vous appartient. Ah ! Comme je suis heureux d'être relevé de la charge de cet argent qui a été une source d'inquiétude constante depuis que j'ai entrepris ce voyage ».

Le malade fut très impressionné par le récit de Kyusuke.

« Monsieur, vous dites que votre maison est à Noto... Dans quelle partie de la province résidez-vous ? »

« Je suis né dans le village d'Ogita, près de Nanao. Mon nom est Kyusuke et je suis le fils d'un paysan nommé Kyuzaemon ».

« Aviez-vous Kyutaro pour frère aîné ? »

« Comment savez-vous cela ? »

« C'est normal que vous soyez surpris... Kyusuke, j'ai à peine le courage de te le dire...

Je suis Kyutaro, tombé comme tu le vois dans un abysse de dégradation et de misère ».

« Kyutaro, mon frère aîné ! »

« Avec honte, je le dis, oui ».

Les deux frères s'embrassèrent en pleurant. O-Nami resta muette à ce spectacle pathétique.

« Êtes-vous réellement le frère de mon mari ? Pardonnez-moi de ne pas l'avoir deviné », et elle fondit en larmes. Kyusuke se hâta de la consoler.

« Je vous prie de ne point pleurer. Pardonnez mon impolitesse en ne sachant pas qui vous étiez, et pardonnez aussi la grande détresse que je vous ai causé ».

Kyutaro, la conscience soudainement frappée à la pensée de tous ses méfaits, attrapa d'un geste vif un couteau de chasse qui gisait à portée de main et s'en perça l'abdomen. Sa femme et son frère furent trop lents pour arrêter l'acte téméraire. « Arrêtez, quelle folie est-ce là ! », cria Kyusuke. « Mon mari, oh qu'avez-vous fait ! », s'exclama la femme.

Kyutaro était sur le point d'expirer. D'une voix éteinte il dit douloureusement : « Mon frère, ma femme, comment pourrais-je continuer à vivre ? Kyusuke, quand je repense à mon ignominie, je suis pris de remords et de honte. La dernière fois, j'ai failli t'ôter la vie, sans me douter que tu étais mon frère. Les supplication de O-Nami ne surent m'émouvoir. Ce fut la Providence qui te sauva par miracle, en éteignant le flambeau que tu portais. Mes desseins maléfiques ont fait ta bonne fortune ; le sabre que je t'ai donné pour t'encourager à quitter cette maison au plus vite se révèle un don précieux et t'apporte une importante somme d'argent. Au lieu d'en profiter tu prends la peine de venir me la donner. Kyusuke, quel homme scrupuleux tu fais ! Tu es d'une nature honnête et impeccable, tout comme la neige... La mienne est noire comme du charbon ! J'ai rempli mon être de méchanceté, et la maladie dont je souffre aujourd'hui est le châtiment du Ciel. Ta vertu, telle la bénédiction d'un saint prêtre, éclairera mon chemin vers le Yomi. Je suis déterminé à mourir et rejoindre ainsi ma mère, à lui présenter mes humbles excuses pour ma mauvaise conduite. Il n'y a qu'une seule chose qui me fait peine en ce moment ultime : la pensée d'O-Nami. Elle a épousé pour son malheur un misérable mari, mais son cœur est pur et tendre. Je t'en supplie, Kyusuke, occupe-toi d'elle avec gentillesse quand je serai parti ».

Alors Kyutaro, incapable de supporter plus longtemps les piqûres de sa conscience, réussit à se dégager des bras de sa femme et de son frère et mourut d'une mort d'homme. Kyusuke et O-Nami mêlèrent leurs larmes sur son corps sans vie, mais leurs lamentations ne purent rappeler l'âme du défunt. Surmontant leur chagrin, ils enterrèrent le voleur de la façon la plus digne possible. Puis Kyusuke, accompagné d'O-Nami, prit le chemin de son village natal, emportant avec lui l'argent et une mèche de cheveux de son frère. Avant de quitter la cabane, ils y mirent le feu, afin que personne ne puisse jamais l'utiliser à nouveau à des fins malhonnêtes.

Kyusuke rentra finalement chez lui. Il raconta

à son vieux père, sa belle-mère et sa fille, tout ce qui lui était arrivé depuis qu'il les avait laissés, tant d'années auparavant. Les cent *ryō* envoyés par mandat étaient déjà arrivés, auxquels vinrent s'ajouter les sept cents *ryō* restant de la vente du sabre. Kyusuke présenta à son père les cheveux du défunt. Le vieux Kyuzaemon se lamenta sur le triste sort de son fils ingrat, mais en même temps, se réjouit d'avoir un fils cadet si admirable. La belle-mère, se repentant alors de son égoïsme d'antan, demanda pardon à Kyusuke. Tous eurent également pitié d'O-Nami et de sa profonde misère.

Il est merveilleux de voir comment la bonté d'un homme peut agir sur le cœur de ceux qui l'entourent. Les parents de Kyusuke émirent le souhait qu'il succédât à Kyuzaemon et perpétuât ainsi le nom de famille, mais le jeune homme refusa poliment. Il s'engagea au contraire à trouver un mari à sa belle-sœur, afin que le nouveau couple devienne les héritiers du vieil homme après sa mort.

O-Nami était déterminée à devenir nonne et à consacrer le restant de ses jours au salut de l'âme de son défunt mari : elle prierait jour et nuit afin de laver tous ses péchés. Il fut alors décidé de lui construire un petit ermitage. Telle est l'origine du couvent de Nanao.

Une fois ses affaires de famille réglées, Kyusuke accepta avec joie, sur l'argent qui restait, une petite somme pour défrayer son retour dans la province de Kozuke.

Kyusuke conta ses aventures à Gonzaemon puis le supplia de le reprendre à son service, dans les mêmes conditions qu'autrefois. Gonzaemon fut à la fois surpris et heureux. Les actions louables de Kyusuke émurent tellement le débonnaire chef de village, qu'il proposa d'adopter le jeune homme dans l'une des branche de sa famille. Notre modeste Kyusuke ne s'attendait pas à un tel honneur... Après plusieurs refus polis, il finit par accepter. Inutile de dire qu'il remplit ses fonctions avec zèle, afin de ne jamais jeter le discrédit sur son maître. De nos jours, les descendants de Kyusuke continuent de prospérer dans le village de Tama.

Quant au sabre du voleur, il fut racheté par le seigneur Matsudaira, daimyo de la province d'Awa. Il baptisa la lame du nom de *Sute-maru*, « enfant trouvé », en référence à son histoire, et la conserva précieusement.

Ce sabre, considéré comme trésor familial, se transmet aujourd'hui encore de père en fils dans la maison des Matsudaira.

Table